CAROLA MARTINE

Die Sinnlichkeit der Stern- zeichen

Himmlische Spielregeln für irdische Liebesfreuden

WILHELM HEYNE VERLAG
MÜNCHEN

HEYNE RATGEBER
Nr. 08/9232

Titel der amerikanischen Originalausgabe
SEXUAL ASTROLOGIE
Deutsche Übersetzung von Ursula von Wiese

11. Auflage

Genehmigte, ungekürzte Taschenbuchausgabe
Copyright © der deutschen Übersetzung by Scherz Verlag,
Bern und München
Printed in Germany 1990
Umschlagfoto: Gruner & Jahr/Mangold, Hamburg
Umschlaggestaltung: Atelier Ingrid Schütz, München
Gesamtherstellung: Presse-Druck Augsburg

ISBN 3-453-01507-X

Inhaltsverzeichnis

Allen Männern in meinem Leben

Vorwort

Es ist schon lange an der Zeit, daß einmal die uralten, aus der Astrologie gewonnenen Erkenntnisse auch auf einen Bereich unseres Lebens angewendet werden, der uns allen am Herzen liegt, um nicht zu sagen auf der Haut brennt: die Sinnlichkeit.

Zukunftsaussichten, Charakteranalysen, Gesundheitsprognosen und Rat in Partnerfragen hat uns die Astrologie bisher in reichem Maße geliefert. Nie aber eine klare Untersuchung unseres Liebeslebens. Genau davon ist hier die Rede. Nicht von Romantik und ewiger Liebe, sondern von Sinnlichkeit, Erotik und Sex; von der körperlichen Anziehung zweier Menschen zueinander, von jenem Trieb, der Himmel oder Hölle in uns wecken kann. Es soll die Beziehung zwischen Sinnlichkeit und Astrologie aufgedeckt werden, wobei auch der Sex eine wichtige Rolle spielt, und zwar die Art, die Spaß macht.

Wie die Astrologie hilfreich zu einem erfüllten Sexualleben beitragen kann, will dieses «Horoskop der Sinnlichkeit» zeigen. Und die älteste aller Wissenschaften wird dabei die Wahrheit, nichts als die reine Wahrheit enthüllen. Nur Prüderei und moralische Engstirnigkeit haben bisher verhindert, daß sie auf diesen natürlichsten aller Lebensbereiche angewandt wurde. Ein alter Ägypter würde ob unserer Borniertheit sein weises Haupt schütteln. Für ihn war es selbstverständlich, die sexuellen Neigungen zweier füreinander bestimmter Partner aus den Sternen zu lesen; festzustellen, wie Mars und Venus zueinander standen und ob Sonne und Mond die Beziehung begünstigten. Wenn der männliche Mars positiv und die weibliche Venus empfänglich füreinander waren, wenn die maskuline Sonne und der feminine

Mond einander zulächelten, dann stand einer idealen körperlichen Verbindung nichts mehr im Wege.

Ganz so ernst wie am Pharaonenhof brauchen wir es mit
der astrologischen Charakterisierung der sexuellen und erotischen Eigenschaften jedoch nicht zu nehmen. Immerhin
kann dieses offenherzige, leicht veständliche, aber auf genau
berechneten Grundlagen basierende Buch sicher manchem
dazu verhelfen, seine eigene Sinnlichkeit besser zu erkennen
und zu entwickeln, den zu ihm passenden Partner zu finden
und gemeinsam mit ihm ungeahnte Sternenflüge zu unternehmen.

Widder

21. März – 19. April

Die Widderfrau

Sie ist schwer zu ergründen. Sie wirkt kühl, entrückt, unzugänglich, und man könnte manchmal den Eindruck gewinnen, sie habe etwas gegen Männer.

Dem ist nicht so. Das ist alles nur Schein, der den Mann dazu verführt, sie aus einem ganz bestimmten Blickwinkel zu betrachten, während sie die ganze Zeit weiß, daß sie ganz anders ist.

Sie ist eine vollendete Schauspielerin, schillernd, bezaubernd, widersprüchlich und temperamentvoll, und sie hat die Fähigkeit, gefühlsmäßig so schnell umzuschalten, daß sie einen langsam reagierenden Mann in einer Staubwolke zurückläßt. Der Mann muß sich mit ihren Wünschen abfinden, die drastischem Wandel unterworfen sind. Sie ist impulsiv im Reden, und oft scheint es sie nicht zu kümmern, was sie sagt. Ihre dynamische Ruhelosigkeit hält jeden Mann in Trab.

Kann er nicht Schritt halten, wird sie ihre Ungeduld zeigen, und der unversehens in ihren Sog geratene sollte deutlich aufblitzende Warnlichter nie unbeachtet lassen. Sie urteilt rasch, manchmal grausam, und überlegt nicht erst, wenn sie zu einem verletzenden Schlag ausholt.

Ist sie erregt, so heißt es aufpassen. Diese Frau kann schreien und kratzen, daß Blut fließt. Sie gleicht einer reißenden Tigerin, die erst zahm wird, wenn sie ihre Befriedigung gefunden hat. Wer sich mit ihr nicht messen kann, läßt lieber gleich die Finger davon. Amateure und Schwachherzige sind hier fehl am Platz. Sie wird versuchen, den Mann herumzuschubsen, und ihre Aggressivität kann ihn so vor den Kopf stoßen, daß er Annäherungsversuche aufgibt. Aber wer stark genug ist, ihrem Widder-Angriff die Stirn zu bieten und ihn abzuwehren, dem kann man gratulieren. Der wird rasch feststellen, daß sich die Mühe gelohnt hat.

Widderfrauen sind gewöhnlich verspielt. Sie scheinen furchtlos zu sein, sogar tollkühn, und sie genießen körperliche Betätigung. Skilaufen, Tennis spielen, Segeln, Lieben – alles tun sie mit großer Freude und Begeisterung, weil sich ihr Körper dabei betätigt.

Die Widderfrau ist in die Liebe verliebt, eine Romantikerin, die Sex als eine der großen Freuden, die das Leben beschert, betrachtet. Aber sie wünscht ihn direkt. Die väterliche Tour zieht bei ihr überhaupt nicht. Frau Widder sucht einen Liebhaber, keinen Vater. Als Gefährtin ist sie leidenschaftlich, treu, gefühlvoll und erdhaft.

Doch sollte man nicht glauben, weil sie spontan, unternehmungslustig, begeisterungsfähig wirkt, sei sie auch leichtfertig. Oft ist sie eine Idealistin und Denkerin, aber man erwarte von ihr nicht, «vernünftig» zu sein und die Dinge zu überlegen. Wenn sie sagt: «Los!» dann meint sie es auch. Deshalb ziehen die im Widderzeichen geborenen Frauen die Männer so an. Sie scheinen immer dort zu sein, wo etwas los ist, und regen andere zu Unternehmungen an.

Sie haben viel Bewundernswertes an sich, und sie lieben es, bewundert zu werden. Mit Schmeichelei kann man bei ihnen alles erreichen. Sie hören es gern, wenn man ihnen sagt, was für einen schönen Körper sie besitzen, und vermögen kaum an einem Spiegel vorbeizugehen, ohne ihre äußere Erscheinung abzuschätzen. Sie benutzen wenig Make-up, finden sich aber auch ohne sehr reizvoll. Geschenke brauchen nicht nützlich zu sein, wenn sie nur aufregend sind. Man kann ihnen Reizwäsche oder ein duftiges Nachthemd schenken, obwohl sie lieber nackt schlafen, weil sie das sinnliche Gefühl ihres eigenen Körpers lieben.

Die Widderfrau genießt es, Menschenscharen anzulocken. Für sie muß die Szenerie immer weit und wild sein, und es bedarf eines klugen Mannes, eine solche Frau einzufangen.

Er wird Energie brauchen, um es mit ihr aufzunehmen. Der Mann, der sie heiratet, muß sich mit der Stellung eines stellvertretenden Kommandeurs begnügen oder sich auf einen hundertjährigen Krieg gefaßt machen.

Widderfrauen haben oft Eheschwierigkeiten, die meist mit ihrem Unabhängigkeitsbedürfnis und ihrer Unfähigkeit, hauszuhalten, zusammenhängen. Ihrer Meinung nach ist Geld zum Ausgeben da. Sie benützen freigebig Kreditkarten, stellen Schecks aus und verlieren dabei leicht den Überblick. Sie denken, wenn das Geld auch heute knapp ist, wird es morgen schon da sein, und wegen der Zukunft machen sie sich wenig Gedanken. Der Mann muß so etwas wie ein Finanzgenie sein, um sich aus dem Fiasko hinauszuwinden, das sie unter Umständen hervorrufen.

Das Temperament der Widderfrauen wird vom Alter wenig berührt. Vielleicht ein wenig gedämpft, aber sie sind stets ihren unter einem anderen Zeichen geborenen Geschlechtsgenossinnen voraus. Sie sind unheilbar romantisch, und mag das Alter sie auch etwas zügeln, so sind sie doch immer bereit, wieder neu anzufangen. Sie freuen sich auf das Morgen und hegen stets den Optimismus, daß der nächste Tag besser sein werde.

Der Mann, der sich mit einer Widderfrau verbindet, muß auf Krachs, Einkaufsorgien, heftige sexuelle Zusammenstöße, Eifersucht, außereheliche Affären, Unduldsamkeit, Egoismus und Ausbrüche gefaßt sein.

Aber je nach dem Einfluß anderer Planeten kann die Widderfrau auch die Erfüllung des Traums von der Weiblichkeit sein. Man sollte das Horoskop der Widderfrau genau studieren, bevor man sich ernsthaft mit ihr einläßt – oder, noch wichtiger, bevor *sie* es ernst mit einem Mann meint!

Eins ist sicher: Sie ist ein Vollweib.

Das Sexleben der Widderfrau

Sie läßt den Mann über ihre Absichten nicht lange im dunkeln, und genau im Dunkeln sind diese Absichten wunderbar. Ihre geheimen sexuellen Phantasien treiben dann leuchtende erotische Wunderblüten, denn auch sie ist durch und durch sinnlich, weiblich und leidenschaftlich. Wenn sie sich hingibt, dann mehr zu ihrem eigenen Vergnügen als zu dem des Mannes.

Sex kann für sie an jedem Ort stattfinden, der sich irgendwie dafür eignet. Der Rücksitz eines Autos tut's ebensogut wie ein Sofa im Büro oder ein Motelzimmer. Wenn es sie gepackt hat, darf man keine Subtilität mehr von ihr erwarten. Noch ehe das Licht gedämpft und die Musik auf romantische Berieselung gestellt ist, liegt der Mann schon flach auf dem Rücken und hat keine Hose mehr an. Sie selbst ist hüllenlos und aktionsbereit. Diese Frau weiß nicht nur, was sie will, sondern auch, wie sie es bekommt. Wenn sie auf jemanden scharf ist, wird er hilflos mitgerissen.

Man muß sie unbedingt mit Festigkeit behandeln, ihrer Aggressivität Schranken setzen, man darf sich nie von ihr herumschubsen lassen. Und wenn man erst einmal am Steuer sitzt, tut man gut daran, ohne Rücksicht auf Verluste loszubrausen.

Ihr Appetit ist gierig, fast animalisch, und sie braucht einen Partner, der ihr gewachsen ist. Wenn die Widderfrau keine ihr genügende sexuelle Befriedigung findet, geht sie ihre eigenen Wege. Der Gatte oder Freund, der ein weniger anstrengendes Leben führen möchte, wird sie immer seltener zu sehen bekommen. Ihre Möglichkeiten, sexuelle Befriedigung zu finden, sind so groß, daß sie sich mit einem faulen Liebhaber nicht weiter abgibt.

Sie ist die treibende Kraft beim Liebesspiel und geht sofort in Führung. Ihr Platz ist «oben», der Mann soll unter ihr liegen, und sie bestimmt den Rhythmus der Bewegungen. Sie will herrschen, und der Weg zum Orgasmus wird von ihr diktiert.

Schreien, Stöhnen, Beißen, Kratzen – damit muß man bei ihr rechnen. Wen Narben nicht kümmern, der lasse der Widderfrau freie Hand. Aber er tut gut daran, vorher die Länge ihrer Fingernägel abzuschätzen. Da der Widderfrau Dinge mit scharfen Rändern gefallen, trägt sie sie gerne lang und spitz zugefeilt. Und wer möchte schon, daß sein Rücken nachher einer Landkarte gleicht!

Eifersucht entsteht bei der Widderfrau eher aus gekränktem Stolz als aus Besitzgefühl. Meistens hat sie kurze, aber intensive Affären, denn im Grunde ist sie ein primitives, eigenwilliges Geschöpf mit animalischem Sextrieb. Sie ist absolut unglücklich, wenn in ihrem Leben kein Mann vorhanden ist, oder wenn sie sich mit ihrem Liebhaber Nummer eins zerstritten hat. Zu Streitigkeiten aber kommt es, wie gesagt, leicht, denn Widderfrauen haben ein ungestümes Temperament und urteilen oft vorschnell. Sie können einen Ehemann oder Liebhaber ziemlich unglücklich machen.

Den Vater ihrer Kinder hingegen sucht sich die Widderfrau sehr sorgfältig aus. Da wird sie sogar einen gutgebauten Lastwagenfahrer oder Gemüsehändler von starkem sexuellem Reiz für einen langweiligen Ingenieur oder Rechtsanwalt aufgeben. Rein zum Miteinanderschlafen dagegen ist sie nicht so wählerisch. Wenn sie in Fahrt kommt, verausgabt sie sich völlig, einfach weil sie Sex so genießt. Sie hat ein gesundes Interesse an ihrem eigenen Vergnügen; darum ist sie für jede Technik empfänglich, die es erhöht. Das Widderzeichen regiert die Leidenschaften, und es gibt fast nichts, was sie im Bann der sexuellen Erregung nicht tun würde.

Schockierendes oder Verbotenes reizt sie besonders. Die

Langeweile, die sich bei der aktiven Widderfrau so leicht
einstellt, dominiert nirgends so stark wie in ihrem Liebesle-
ben. Das kann sie sogar zu aktivem sexuellem Sadismus treiben. Und das bedeutet Ledergürtel oder Peitsche als Sinn-
bild der Unterjochung des Männchens. Unter dem clichéhaft
bekannten Bild der Frau mit hohen Stiefeln, Lederkleidung
und Peitsche verbirgt sich meist eine sexbesessene Widderfrau. Zumindest in ihrer Phantasie zwingt sie den Mann
quasi mit der Peitsche zum Cunnilingus. Um sich totale
Befriedigung zu verschaffen, will sie den Mann demütigen,
während er leer ausgeht. Sie benutzt ihren Körper als Köder,
und wenn der Mann reagiert, muß er es büßen. Diese Her-
rin-Sklave-Beziehung bringt sie von Höhepunkt zu Höhepunkt.

Um ihr Image als begehrenswertes Weib zu steigern, zieht
sie sich extrem verführerisch an: Schwarze Spitzenstrumpf-
halter und schwarze Strümpfe oder Büstenhalter, die großzügig Wölbungen und Brustwarzen sehen lassen, gehören zu
ihrer Intimgarderobe, die ganz darauf abgestellt ist, den
Mann vor Begierde zur Verzweiflung zu treiben.

Wenn sie mit einem Mann einen für sie genußvollen
Abend oder ein Wochenende verbracht hat, wird sie den
Glücklichen wieder einladen. Aber er muß sich dann schon
etwas Neues und Ausgefallenes einfallen lassen. Sonst verliert er die interessanteste Bettgenossin aller Tierkreiszeichen.

Der Widdermann

Man merkt es sehr bald: Freund, Liebhaber oder Gatte, der
im Zeichen des Widders geborene Mann ist aggressiv, ener-
giegeladen und ruhelos. Er mag unpraktisch und impulsiv

sein, aber er ist in jedem Falle phantasievoll und dynamisch. Bei ihm läuft etwas. Wer mit einem Widder ausgeht, kann nie wissen, wo er am Ende landet. Doch wo das auch sein wird, aufregend ist es bestimmt. Man wird auch rasch feststellen, daß er in der einen Minute großzügig und in der nächsten knausrig ist. Er kann eine Frau zum Wahnsinn treiben, aber sie findet es herrlich.

Sie findet es herrlich, weil der Widdermann absolut erotisierend wirkt. Er ist eine dominierende Persönlichkeit, die sich ungeduldig über Regeln und Konventionen hinwegsetzt. Ihn interessiert die «Missionarsstellung» nicht, wenn er ins Bett sinkt. Falls es überhaupt ein Bett ist. Der Widder macht auch auf dem Verdeck eines Autos oder in einem fahrenden Motorboot Liebe.

Seine Auserwählte erlebt alle Freuden, die sie sich nur wünschen kann – und manchmal noch ein wenig mehr. Der Wonnen gibt es im Überfluß, doch ähnelt es ein bißchen einem Kegelspiel mit Handgranaten. Jeden Augenblick kann etwas explodieren.

Er ist eifersüchtig. Er will seine Frau mit Haut und Haaren, was sie von ihm allerdings nicht erwarten darf. Er selbst mag ein Betthüpfer sein, von seiner Frau jedoch verlangt er absolute Treue. Wenn sie einen Seitensprung macht, ist es aus. Er ist auf jeden eifersüchtig, angefangen bei seinem besten Freund bis zum Briefträger.

Man komme einem Widder ja nicht mit der Ausrede, man brauche Zeit zum Überlegen – er will von der Frau nur eine Antwort hören: Ja! Wegen des Weiteren braucht sie sich dann keine Sorgen zu machen. Sein Stolz begnügt sich nicht mit halben Sachen. Er geht zwar stürmisch vor, reißt ihr die Kleider vom Leibe, hält dann aber, was er versprach, und ist ganz gewiß nicht langweilig. Mit ihm erlebt man eine Nacht, die man so bald nicht vergessen wird.

Man kann ihn an sich fesseln, indem man ihm nette Dinge über seine Technik sagt – er ist Schmeicheleien sehr zugänglich, wenn sie nicht allzu dick aufgetragen werden. Denn der Widder ist nicht dumm. Er ist nur so sehr von sich selbst überzeugt, daß er die Schmeicheleien sogar eher für eine Unterschätzung hält.

Für die Frau, die ein häusliches, ruhiges Leben liebt, ist der Widder kein geeigneter Gefährte. Er ist ein Bahnbrecher. Doch unter all dem herrischen Gehabe und aller Anmaßung kann man eine merkwürdige Empfindsamkeit spüren – den Charme eines kleinen Jungen, der eine beschützende Mutter braucht. Wer das durch die schillernde Oberfläche erkennt, vermag sein Herz zu gewinnen. Der Frau, die er liebt, wird er Treue, Aufrichtigkeit und Zärtlichkeit beweisen.

Er hat Sinn für Humor und hegt eine Vorliebe für sowohl intelligente als auch reizvolle Frauen. Seine geistreiche Schlagfertigkeit benutzt er dazu, Unnatürlichkeit und falschen Schein zu entlarven.

Er ist eine Führernatur von geradem, offenem Wesen, beharrt jedoch darauf, seinen eigenen Weg zu gehen. Er ist imstande, viel Geld zu verdienen, weiß aber nicht immer damit umzugehen. Er neigt zu sehr zur Extravaganz, und sieht im Geldausgeben einen Weg, Macht zu demonstrieren.

Für die Frau erhebt sich das Problem, mit ihm Schritt zu halten. Sie wird es jedoch lohnend finden.

Das Sexleben des Widdermannes

Der Schlüssel zu seinem sexuellen Verhalten ist Impulsivität. Geben und Nehmen in einer Sexbeziehung muß er erst lernen. Auf Widerstand gegen seine sexuellen Phantasien reagiert er unduldsam.

Man versuche ja nicht, ihn an der Nase herumzuführen.
Was man ihm verspricht, muß man halten. Wer nicht mit
ihm ins Bett will, bleibe besser zu Hause vor dem Fernsehgerät – der Widder läßt nicht mit sich spielen. Und wer nicht
bereit ist, bei Spielen mitzumachen, über die er bisher vielleicht nur in Büchern gelesen hat, der bleibt ebenfalls besser
zu Hause und übt sich im Stricken. Alles, was nach Routine
schmeckt, langweilt ihn tödlich. Die Frau, die einem Widder
sexuell gefallen will, muß Phantasie walten lassen – und die
ohne Einschränkungen.

Um die Folgen kümmert er sich nicht. Wenn er eine Frau
haben will, will er sie haben. Wer mit diesem Mann ein
Verhältnis hat, darf nie vergessen, seine Pille zu nehmen.
Möglicherweise hat er irgendwo ein Präservativ herumliegen, aber das heißt noch lange nicht, daß er es auch benutzen
wird.

Es ist zu erwarten, daß er die Führung übernimmt. Anregungen nimmt er vielleicht an, wird sie aber nach eigenem
Gusto ausführen. Wer ihm einen Busenkuß gestattet, muß
mit seiner Zunge auf dem ganzen Körper rechnen. Bei ihm
muß man immer auf Unerwartetes gefaßt sein, auf Überraschungen. Sein unzähmbarer Trieb lebt sich mit Wonne in
Schockierendem und Verbotenem aus. Widder sind For-
scher, die am Kommandopult stehen müssen. Sie werden
reizbar, wenn ihnen etwas in die Quere kommt. Welche
Stellung sie bevorzugen, mag vom Alter abhängen, doch geistig bleiben sie immer jung. In jedem Falle aber muß diese
Stellung eine dominierende sein.

Der Widder kann zum Sadismus neigen. Dann kennt er
keine Rücksicht. Rein orale Stimulation reicht für seine Befriedigung nicht aus. Er zupft an den Haaren, kneift in die
Brustwarzen oder rammt seiner Partnerin den Penis in den
Mund, daß es wehtut. Wem das gefällt und es ohne Schmer-

zenslaute hinnimmt, kann dadurch seinen Lustgewinn erheblich steigern.

Eine seiner Lieblingsstellungen ist, die vor ihm kniende Gespielin von hinten zu nehmen. Das kann auch mit über einem Stuhl oder über ein anderes geeignetes Möbelstück Gebeugtlehnen variiert werden. Bei der Normalstellung kniet er gerne zwischen den Beinen der Frau, hebt ihr Gesäß hoch, um dann mit aller Kraft zuzustoßen.

Wenn der alternde Widder feststellt, daß er nicht mehr so potent ist wie in jüngeren Jahren, werden sein Stolz und seine Empfindsamkeit auf eine harte Probe gestellt. Ein falsches Wort zur falschen Zeit kann ihn dann vorübergehend impotent machen – für ihn ein besonders schlimmer Schlag. Dann reagiert er auf seine übliche aggressive Weise; wahrscheinlich knüpft er mit einem Dutzend Frauen, die halb so alt sind wie er, ein Verhältnis an. Er will sich beweisen, daß er derselbe Mann ist wie früher. Wenn ihm das nicht gelingt, kann das zu einem Zusammenbruch führen.

Steht er hingegen in der Blüte seiner Jahre, muß man sich vor seiner Aggressivität und seiner Neigung – wohlgemerkt, hier ist immer nur von Neigungen die Rede –, Schmerz zuzufügen, hüten. Er nimmt die Frau, bevor sie bereit ist, nur um ihr Erschrecken zu genießen. Auch bei der oralen Technik ist er nicht von großer Zartheit. Beim Cunnilingus beißt und saugt er hart an der Klitoris. Peitsche oder Ledergürtel verstärkt seinen Genuß, wenn der Sadismus bei ihm durchbricht. Schläge aufs Hinterteil der Partnerin genießt er, und das nicht nur mit der Hand. Haarbürste, Pingpong-Schläger, Bambusstock, er ist da ziemlich einfallsreich. Wenn er eine willige Frau findet, versohlt er sie recht kräftig, und wenn sie um Gnade fleht, treibt ihn das nur zu weiteren Grausamkeiten an – und zu einem lustvolleren Orgasmus. Je turbulenter es zugeht, um so besser.

Natürlich machen auch die übrigen Konstellationen im Horoskop ihren Einfluß auf den Widdermann geltend, so daß sich andere Extreme ergeben können; aber ein Extremist ist er fast immer. Man sei also vor ihm auf der Hut. Die Frau, die einem «reinen» Widder begegnet, sollte sich im stillen merken, wo der «Notausgang» ist, um ihn zu benutzen, wenn sich zeigt, daß ihr seine sexuellen Bedürfnisse denn doch zuviel werden. Es hängt von ihr und von ihrem Zeichen ab, ob sie bei ihm bleiben und seine extreme Liebe genießen will.

Ein gutes Mittel, ihn unter Kontrolle zu halten, ist die 69er Stellung. Dabei spielt sich das Schmerzzufügen wenigstens nicht in einer Einbahnstraße ab!

Gruppensex stört den Widder nicht. Je mehr, desto lustiger. Man kann sogar darauf wetten, daß der Partnertausch im Bekanntenkreis von einem Widdermann angezettelt worden ist. Er beweist gern sein sexuelles Können, und gewöhnlich kommt er mit so ausgefallenen Ideen an, daß die anderen leicht schockiert sind. Mit einer Ausnahme: Bei ihm darf man nicht von hinten ran. Nicht weil ihm das aus ästhetischen Gründen zuwider wäre, sondern weil diese Stellung seine «Männlichkeit» bedroht.

Alles in allem: Die Tendenz zum Sadismus kann bei vielen unter dem Zeichen des Widders geborenen Männern ausgeprägt sein.

Erogene Zonen

Die empfindsamsten Nervenenden liegen bei Widdergeborenen an Kopf und Gesicht. Sie reagieren auf sanftes Stirnstreicheln oder Spiel mit den Kopfhaaren. Man braucht ihnen nur mit einem Finger leicht über ihre Schläfe oder durchs

Haar zu fahren, und schon sind sie erotisiert. Ohrläppchen-
nager stoßen bei Widdern auf willige Bereitschaft. Die
Frauen erregt es besonders, wenn man ihnen ins Ohr bläst.
Auch Lippenspiele und zarte Küsse auf die geschlossenen
Augenlider zeitigen Sofortresultate in Form von lustvollen
Schauern.

Die Küsse eines bärtigen Mannes sind für die Widderfrau
eine Wonne, weil dabei die weichen Barthaare ihren Nervenenden endloses Entzücken signalisieren. Der Bartlose kann
ihre Lippen mit den Fingerspitzen streicheln.

Den Widdermann erotisiert man durch leichtes Kreisen
mit den Fingerspitzen auf seinen Lippen. Die Wirkung ist
beachtlich!

So fängt es an!

Widdergeborenen gegenüber muß man aufrichtig sein, sie
haben ein scharfes Auge für das Unechte. Am sichersten ist
es, das Gespräch auf intellektueller Ebene zu beginnen. Sie
selbst halten sich eher für Verstandes- als für Gefühlsmen-
schen und glauben sich geachtet, wenn man sich ihnen via
Intelligenz nähert. Ihrerseits achten sie den anderen, wenn
der keinen Versuch macht, den Überlegenen hervorzukeh-
ren oder ihnen die eigene Meinung aufzuzwingen. Wenn
man sich mit Problemen an sie wendet, findet man Hilfe und
Verständnis.

Man findet sie dort, wo etwas los ist, an ungewöhnlichen
Orten: in einem Lokal mit ungewöhnlicher Atmosphäre, auf
einer besonderen Party, auf Ausflügen zu einem Ziel, das
Abenteuer verheißt. Die Widdergeborenen suchen Aufre-
gendes. Sie sind originell und stürzen sich auf neue Ideen.
Kommt man ihnen mit einer neuen Idee, hat man das «Se-

sam, öffne dich» zu ihrer Zuneigung. Wenn eine solche Idee bei ihnen zündet, machen sie sich sogleich daran, einen Weg zu deren Verwirklichung zu finden. Sie interessieren sich für Kultur, Theater, Musik, Museen, spielen im örtlichen Kulturleben eine Rolle und haben dabei ihre Anhängerschaft.

Sie sind leicht zu erkennen; man braucht nur darauf zu achten, wer nicht an einem Spiegel vorbeigehen kann, ohne sich wohlgefällig darin zu betrachten. Auch andere tun das manchmal – der Widder immer.

Eine gute Eröffnung für eine intellektuelle Unterhaltung: Man biete dem Widder an, ihm ein spannendes Buch zu leihen, mit ihm in eine Kunstausstellung oder eine Theateraufführung zu gehen. Man muß ihm zeigen, daß man seine Interessen teilt.

Zur Verabredung mit einem Widder darf man nie zu spät kommen. Sonst kann man gleich einpacken. Widdergeborene legen großen Wert auf Pünktlichkeit.

Die Frau, die mit einem Widdermann ausgeht, muß darauf gefaßt sein, zu Sportveranstaltungen mitgenommen zu werden. Zwar treibt er am liebsten selbst Sport, aber er ist auch gern Zuschauer. Zu den Sportarten, die ihm am meisten zusagen, gehören Fechten, Skilaufen, Bobfahren, Diskus- und Speerwerfen. Er hört gern schmeichelhafte Worte über sein sportliches Können.

Wer mit einem Widder gut auskommen will, ist als Gefolgsmann besser daran als als Führer. Zu diesen Oberfeldwebeln der Tierkreiszeichen sagt man am einfachsten immer «Ja, mein Lieber», und «Wie du willst, meine Liebe».

Ein Abend mit einem Widdergeborenen sollte nicht vorausgeplant werden; das überläßt man besser ihm und folgt dann willig.

Ein paar gute Tips: Wenn Musik, dann eine mit schnellem Rhythmus. Sanfte Geigenklänge spare man besser für je-

mand anderen auf. Es empfiehlt sich, einen gefüllten Kühlschrank zu haben: die Nacht kann lang werden. Desinfek-
tionstinktur, Wundpflaster und Heilsalbe sollten greifbar
sein. Auch Vaseline erweist sich oft nicht als überflüssig.

Mit seinen Kräften gehe man sparsam um. Bei Tempo,
Aggressivität und Aktivität des Widdergeborenen bleibt man
sonst allzu leicht oder zu früh auf der Strecke.

Ende der Affäre

Wenn die Zeit gekommen ist, beendet man am besten die
Beziehung genauso, wie sie angefangen hat. Wie und wo hat
man den Widder kennengelernt? An diesen Ausgangspunkt
kehre man mit ihm zurück, zu seinen Bewunderern oder in
eine Gesellschaft, wo er neue Bekanntschaften macht. Man
braucht keinen Finger zu rühren, sondern läßt den Dingen
ihren Lauf. Die Motten werden ihn rasch umschwärmen,
angezogen von seiner magnetischen Persönlichkeit. Wahrscheinlich wird man schon sehr bald allein sein, denn es
bedarf nur einer kleinen Ermunterung, und der Widdergeborene zieht weiter.

Sollte das nichts nützen, geht man ostentativ mit einem
Buch schlafen, wann immer der Widder Lust auf etwas Aufregendes hat. Läßt sich Ausgehen nicht vermeiden, schütze
man Müdigkeit vor und verlasse die Stätte des Geschehens
vorzeitig.

Praktische Geschenke sind sehr nützlich, auch Festhalten
an der Routine. Man reagiere ungeduldig auf Forderungen
und seine Selbstherrlichkeit, widerspreche ihm – und kann
sehr bald seine Abende allein genießen.

Wer mit wem, wie und warum

Widder und Widder

In der sexuellen Beziehung ist es gewöhnlich so, daß die Frau den Mann beherrscht. Aber der Widdermann gibt sich mit der untergeordneten Rolle nicht lange zufrieden. Es kommt zu Machtkämpfen, weil jeder die Führung übernehmen möchte, und dann fliegen bald die Funken. Das bedeutet Disharmonie im Bett. Anfänglich eine vielversprechende Affäre, aber ungünstige Aussichten für eine Ehe.

Widder und Stier

Widder wollen impulsiv lieben. Die zurückhaltende Bedächtigkeit des Stiers, der selten spontan handelt, erweist sich als langweilig. Wenn der Stier dem Widder erlaubt, die Führerrolle zu übernehmen, können beide neue Möglichkeiten sexueller Lust entdecken. Sonst ist es schwer, das gewünschte Gleichgewicht zu finden, da sich beträchtliche Reibungen ergeben werden. Auf die Dauer passen sie eigentlich nicht zusammen.

Widder und Zwillinge

Diese Vereinigung kann aufregend sein, denn beide sind ruhelose, aktive Forschernaturen. Die Neigung des Widders, zu dominieren, wird durch die Gewandtheit der im Zeichen der Zwillinge Geborenen gezügelt. Zwillinge leiden nicht an sexuellen Hemmungen, aber ihre muntere Tatkraft kann sich andere Ventile für eine Erfüllung suchen. Ein Verhältnis wird so lange dauern, wie sich die Zwillinge erfolgreich durchlavieren. Es besteht aber die Möglichkeit, daß sie durch eine Ehe zur Ruhe kommen, und dann sind die Aussichten gut.

Widder und Krebs

Zwischen diesen beiden Zeichen besteht gewöhnlich starke sexuelle Anziehungskraft. Leider bleibt aber nicht mehr viel übrig, wenn sich die Leidenschaft verausgabt hat. Der Widder findet nicht genug Kompensationen, und sie streiten sich wegen Kleinigkeiten. Die Temperamentsunterschiede führen zu weiterer Unverträglichkeit im Bett. Die Voraussage für ein Verhältnis lautet: hoher Seegang und für eine Ehe ziemlich sicherer Schiffbruch.

Widder und Löwe

Der aggressive Widder findet im Löwen einen Ebenbürtigen, dessen offene und packende Sexualität ihm entspricht. Sex wird gewöhnlich komplikationslos, ohne Verklemmungen und Absonderlichkeiten praktiziert. Das heißt aber nicht, daß er nicht unbändig sein kann. Der Widder darf nicht versäumen, dem Löwen Komplimente über seine hervorragenden Liebeskünste zu machen. Der Löwe muß sich hüten, die Neigung des Widders, der Herrschende zu sein, einzuschränken. Im übrigen stehen für diese Verbindung alle Signale auf grün.

Widder und Jungfrau

Die Kühnheit des Widders ist dazu angetan, die Phantasie der zurückhaltenden Jungfrau zu entzünden. Aber in sexueller Hinsicht sind sie so verschieden, daß von beiden Seiten ein gut Teil Toleranz verlangt wird. Den Widder werden Takt, Verhaltenheit und Selbstbeherrschung der Jungfrau bezaubern. Die Jungfrau ist von seinen extravaganten Vorstellungen vom Liebemachen vielleicht nicht begeistert. Eine Affäre auf Zeit kann beglückend sein, aber die Aussichten für eine glückliche Ehe stehen nur fünfzig zu fünfzig.

Widder und Waage

Zwischen diesen beiden kann sich eine kurzfristige Affinität entwickeln. Die Aggressivität des Widders bringt bei der Waage vielleicht einen unkonventionellen Zug zutage. Beide lieben die Freuden des Sex, aber der Widder wird wahrscheinlich zu rasch zu weit gehen. Die Waage neigt zu Idealisierung und ist leicht zu enttäuschen. Beide sollten sich im sexuellen Kontakt um Verfeinerung der Nuancen bemühen. Körperliche Erfüllung kann hier zu einer glücklichen Affäre führen, nicht aber zu einer erfolgreichen Ehe.

Widder und Skorpion

Sex kann anregend oder frustrierend sein. Beides ist hier möglich. Die in diesen beiden Zeichen Geborenen sind auf Handeln ausgerichtet und mit starker körperlicher Energie gesegnet. Aber beide haben das Bedürfnis, unabhängig zu sein und die Oberhand zu haben. Längere Zwistigkeiten

werden sogar die phänomenale Fähigkeit zu gleicher Leidenschaft auf die Probe stellen. Auch die Eifersucht des Skorpions bildet eine Gefahr. Eine Affäre wird unstabil sein, eine
Ehe unkonventionell.

Widder und Schütze

Beide sind Kämpfernaturen, so daß sich auf sexuellem Gebiet viele Konflikte ergeben. Der Optimismus und die Gut-
gelauntheit des Widders können bewirken, daß der Schütze
seinen Hang zur Schwermut überwindet und eine spielerische Einstellung zum Sex entwickelt. Die Kameradschaft im
Schlafzimmer kann einen günstigen Einfluß auf die übrige
Beziehung ausüben. Ein Verhältnis der beiden miteinander
ist lohnend. Eine eheliche Gemeinschaft wird stark von der
Befriedigung der sexuellen Wünsche abhängig sein.

Widder und Steinbock

Der Widder blickt vorwärts und ist aufs Experimentieren
erpicht. Der Steinbock ist eher vorsichtig. Er hat beim Lieben vielleicht eine Vorliebe für eine bestimmte Technik oder
sogar für eine festgesetzte Zeit, und seine Leidenschaften
sind gezügelter. Doch der Widder vermag die Berechnungen
des Steinbocks über den Haufen zu werfen und so die starke
Libido des Partners zu wecken. Wenn das der Fall ist, sind
die Aussichten gut – besser für eine Ehe als für ein kurzfristi-
ges Verhältnis.

Widder und Wassermann

Die körperliche Beziehung wird sowohl stark als auch erfinderisch sein. Wahrscheinlich wird der Widder dominieren, da der Wassermann von Natur eher passiv ist. Doch wird der Wassermann sich einer Herrschaft, die nicht den besten Interessen zu dienen scheint, nicht fügen. Der Widder braucht Takt, wenn er mit diesem gefühlsbetonten Träumer zurechtkommen will. Ein ungewöhnliches, ereignisreiches Verhältnis und – gegenseitiges Verständnis vorausgesetzt – eine sehr lohnende Ehe.

Widder und Fische

Den Widder reizt das fast übernatürlich intuitive Verhalten der Fische im Schlafzimmer. Seine starke Zuversicht lockt sie aus ihrem Panzer. Werden die sexuellen Phantasien der Fischegeborenen in die Praxis umgesetzt, können sie sehr anregende Partner sein. Dann erleben beide außerordentlich lusterfüllte Stunden. Sowohl für ein Verhältnis als auch für eine Ehe sind die Aussichten gut, wenn die Temperamentsunterschiede ausgebügelt werden können.

Stier

20. April – 20. Mai

Die Stierfrau

Im Stierzeichen herrscht die Venus, daher braucht die Stierfrau kein Lehrbuch, um alle Verführungskünste zu beherrschen. Wenn sie in aller Unschuld die Beine übereinanderschlägt, sendet sie an alle Männer im Zimmer Sex-Signale
aus. Wenn sie wirklich das Interesse eines Mannes erregen
möchte, braucht sie nur ihre erotische Antenne in seine
Richtung ausfahren zu lassen. Nur wenn der Mann tot ist,
wird er darauf nicht reagieren!

Ihre sinnliche Anziehungskraft auf Männer ist einmalig.
Aber wenn auch viele berufen sind, so werden doch nur
wenige auserwählt. Sie kann in bezug auf schnelle Hingabe
recht konventionell sein. Auch hier verläßt sie sich auf ihre
Intuition, die ihr sagt, wie ein möglicher Liebhaber beschaffen sein muß, und das kann sehr komplex und tiefgründig
sein. Das Herz hat seine eigenen Gründe.

Sie ist gefühlsbetont und wird rasch besitzergreifend. Bei
ihr verläuft der Weg der wahren Liebe nicht glatt. Sie ist von
Natur eifersüchtig und kann eine stürmische Szene machen,
die Hollywoods beste Spezialisten in den Schatten stellt.
Wenn sie sich vernachlässigt fühlt, bringt sie ihren Standpunkt nicht etwa indirekt oder kunstvoll verbrämt vor; sie
sagt ihre Meinung geradeheraus. Es kann damit enden, daß
sie mit Geschirr wirft, um sich Nachdruck zu verschaffen.

Die Stierfrau weiß, was sie will, und in ihrem Eigensinn
kann sie unvernünftig werden. Wenn sie auf etwas aus ist,
läßt sie sich davon nicht abbringen, auch wenn sie zu Trä-
nen, Drohungen oder Wutausbrüchen Zuflucht nehmen
muß. Wer sich mit einer Stierfrau einläßt, muß bereit sein,
nachzugeben – oder zu gehen.

Die erzürnte Stierfrau ist ein schlimmer Feind. Sie wird
jede ihr zur Verfügung stehende Waffe benutzen, um Rache

zu nehmen. Andrerseits ist sie willens, ebenso viel zu geben wie zu nehmen. Sie ist sehr anhänglich, besitzt aber eine angeborene Schlauheit. Täuschung durchschaut sie ebenso schnell, wie sie auf die Aufrichtigkeit anderer intuitiv reagiert.

Sie verläßt sich auf ihre Gefühle. Manche Menschen begehen den Fehler, ihre Intelligenz zu unterschätzen, weil sie nicht zu dem Typus gehört, der mit Schlagfertigkeit blendet. Sie besitzt eine viel seltenere Form der Intelligenz! Sie weiß, daß sie ihrer Intuition vertrauen muß, um die Wahrheit zu entdecken.

Sie ist praktisch, keine Idealistin. Sie schwärmt nicht für einen Filmhelden, wenn ein leichter erreichbarer Mann neben ihr sitzt. Sie hält nicht viel von platonischer Liebe, für sie gibt es Liebe nur mit körperlicher Anziehung vereint.

In der Jugend ist die Stierfrau begierig, «das Leben» kennenzulernen, und der Mann, der ihr ein Stück davon zeigen kann, hat beste Aussichten, sie zu gewinnen. Aber je näher sie die Männer kennenlernt, desto heikler wird sie in der Auswahl ihrer Liebhaber. Sie stellt Maßstäbe auf, und wenn der Mann ihnen nicht gerecht wird, läßt sie ihn nicht weit kommen.

Sie ist ein sinnliches Weibchen, und wenn das Männchen sie nicht befriedigt, schaut sie sich ohne schlechtes Gewissen anderswo um. Sie versucht nicht, ihre sexuellen Bedürfnisse vernunftmäßig zu begründen; es genügt ihr, daß diese Bedürfnisse bestehen.

Die Stierfrau zieht sich gut und geschmackvoll an, aber nicht verschwenderisch an. Sie hält sich an ihr Budget und erwirbt für ihr Geld das Bestmögliche. Sie liebt Schmuck, Ringe, Ohrringe, besonders Halsketten. Ihr Hals und ihr Décolleté sind besonders empfindsam, deshalb schmückt sie diese Zonen auch mit Vergnügen.

Sie weiß Luxus zu schätzen. Ein Mann, der sie mit Pelzen und Smaragden überschüttet und sie mit den sichtbaren Zeichen des Luxus umgibt, kann ihr Herz für immer erobern.

Leider ist sie imstande, unbekümmert und fahrlässig zu werden. Wenn sie sich in festen Händen glaubt und sich sicher fühlt, wird sie träge, vernachlässigt ihr Äußeres und nimmt es mit der Pünktlichkeit nicht mehr allzu genau. Da sie ebenso wie der Stiermann gern ißt, kann sie in die Breite gehen. In jeder schlanken Stierfrau steckt ein Dickerchen, das nur darauf wartet, nicht mehr gezügelt zu werden.

Sie braucht ein Ventil für ihre Zärtlichkeit, doch da sie von Natur konservativ ist, sucht sie es eher in der Ehe als in einem Verhältnis. Sie ersehnt sich einen zuverlässigen Mann, der ihr zur Seite steht. Willensschwache Männer ziehen sie nicht an. Aber da sie dazu neigt, den Geliebten als Besitz zu betrachten, nimmt sie sich nicht die nötige Mühe, sich seiner Treue zu versichern.

So stark ihre gefühlsmäßigen Reaktionen auch sind, ihre Selbstbeherrschung ist noch stärker. Fast nie zeigt sie ihre Liebe in der Öffentlichkeit. Obwohl sie sich leicht entflammen läßt, kann sie ihre eigene Begierde verleugnen und sich zurückhalten, solange es ihr der gesunde Menschenverstand diktiert.

Die Stierfrau mag zart und hilflos wirken, aber das ist sie nicht. Sie ist immer eigensinnig und beharrlich.

Sie ist eine gute Köchin und eine gute Bettgenossin, und sie kann eine gute Ehefrau sein, denn sie ist äußerst treu und liebevoll. Doch eine Warnung: Untreue wird sie nie verzeihen. Wer gerne ein Auge auf die Töchter des Landes riskiert, sollte sich nicht mit ihr einlassen, er würde es bereuen.

Sie ist die Quintessenz der Frau und als solche muß sie behandelt werden.

Das Sexleben der Stierfrau

Lädt die Stierfrau zum Abendessen ein, so gibt es garantiert den richtigen Wein und ein ausgezeichnetes Essen. Die Unterhaltung führt sie mit angenehmer Stimme (viele Stierfrauen sind gute Sängerinnen). Kleid und dazu passender Schmuck zeugen von viel Geschmack. Sie lädt nur ein, wer ihr wirklich gefällt. Der bekommt dann aber auch eine Glanzbehandlung. Ihre Haut ist zart und schimmernd – das haben fast alle Stierfrauen gemeinsam – ihr tiefer Ausschnitt enthüllt einen vollen Busen, denn die meisten Stierfrauen sind kurvenreich. Sie hat den ganzen Abend sorgfältig geplant. Einschmeichelnde Musik, aufreizendes Parfüm, gedämpftes Licht, seidene Kissen – (Stierfrauen lieben Seide) – das Dekor ist perfekt.

Aber sie muß behutsam geführt werden. Sie erwartet vom Mann Güte und Geduld und vorschriftsmäßige körperliche Liebe. Sie erwartet sexuelle Freuden und ist an ungewöhnlichen Exkursionen nicht interessiert. Wer es bei ihr mit einer neuen Technik versuchen will, muß das sehr behutsam und allmählich tun, nachdem sie Vertrauen gefaßt hat. Sie hat zwar eine ungemein große Fähigkeit für sexuelle Erlebnisse, ist aber andrerseits festgefahren und nicht leicht zu ändern.

Die Stierfrau ist eine anspruchsvolle Liebhaberin. Der Mann, dem es gelungen ist, sie in sein Bett zu ziehen, muß etwas bieten. Sie wird ihn leicht außer Atem versetzen. Schließlich ist das ja die Arena, in der sie am besten ist. Jedes Zusammensein hat die Intensität eines Stierkampfs.

Sie weiß kleine Zeichen der Zuneigung zu schätzen – eine Umarmung, einen liebevollen Klaps, einen Kuß –, aber lange begnügt sie sich damit nicht. Was für einen Sinn hat es, das Instrument zu stimmen, wenn man es dann nicht spielt?

Im Bett verhält sie sich unheilbar tiefromantisch. Die

Umgebung muß immer stimmen. Sie liebt Pelze und ist nicht abgeneigt, sich auf einer Pelzdecke am Boden lieben zu lassen. Sie ist darauf bedacht, sich von ihrer verführerischsten Seite zu zeigen. Am hellsten strahlt ihr Licht im Schlafzimmer!

Ihre Lieblingstechnik besteht darin, ihre lebhaften sexuellen Phantasien zu dramatisieren. Um die Erotik zu erhöhen, spielt sie die Spröde, vorausgesetzt, der Mann spielt als stürmischer, sich nicht abweisen lassender Liebhaber mit. Oder sie stürzt sich auf ihn wie ein Vampir auf sein schlafendes Opfer. Es ist alles Dramatik, starker Ausdruck echter Leidenschaft.

Aber sie kann von einem Extrem ins andere fallen. Die Stierfrau ist hin und her gerissen zwischen starkem Geschlechtstrieb und Bedürfnis nach Sicherheit.

Je älter sie wird, desto mehr läßt sie sich äußerlich gehen. Anfangs war die Wäsche aus Seide und Spitzen, jetzt tut es auch angeschmutzte Baumwolle. Und sie liebt die Gerüche, die der Körper eines Mannes ausdünstet. Eine Stierfrau würde die etwas seltsame Sitte der Italiener, sich mit dem Taschentuch an delikater Stelle den Schweiß abzuwischen und mit diesem Tuch in der Brusttasche zum Tanz zu gehen, sehr gut verstehen.

Ihr Bedürfnis nach oraler Befriedigung führt unweigerlich dazu, daß sie Fellatio bevorzugt.

Gewisse Stierfrauen werden lesbisch. Haben sie diese Form der Befriedigung erst einmal gefunden, so fällt es ihnen nicht leicht, wieder davon loszukommen.

Der Stiermann

Es soll nicht verschwiegen werden: Er entspricht nicht der Vorstellung von einem stürmischen Liebhaber. Er geht geduldig, aber hartnäckig vor. Er läßt sich Zeit für die Entscheidung, was er will. Aber er wird nie aufgeben, bis er es bekommen hat.

Seine Leidenschaft braucht lange, bis sie ihr Ziel findet. Doch wenn er eine Frau dann anvisiert hat – Achtung! So leicht entgeht sie ihm nicht mehr. Am besten ist, sie gibt sich geschlagen und bleibt.

Koketterie ist an ihn verschwendet. Er weiß genau, daß das nur gespielt ist. Je mehr er genasführt wird, desto hartnäckiger wird er.

Es gibt keinen eigensinnigeren Mann als den im Stier geborenen. Es hat keinen Zweck, sich vor ihm zu verschanzen; er gibt nicht nach. Vielleicht benutzt er Überredungskünste, wenn er intellektuell ist, aber wenn nötig, wird er schließlich befehlen. Der körperlich betonte Stier macht seine Bedürfnisse noch nachdrücklicher klar, wenn man ihm Schwierigkeiten bereitet. Er ist sich seines Körpers bewußt. Darauf beruht zum Teil seine Anziehungskraft. Er ist erdhaft, lustbetont, sinnlich.

Er genießt seine Leidenschaften gern in komfortabler Umgebung. Er sorgt für gedämpfte Beleuchtung, sanfte Musik, serviert Sekt. Für ihn ist die Umgebung fast ebenso wichtig wie der Akt selbst. Er umgibt sich mit schönen Dingen, liebt gute Möbel und Bilder, will von allem das Beste. Doch wenn er hingehalten wird, kippt er ein Glas oder zwei und geht schlafen, während die Frau immer noch mit einem Entschluß ringt. Verzögerungstaktik ist bei einem Stier Zeitverschwendung.

Er ißt und trinkt gern gut. Sein Gewicht ist ein Problem

für ihn. Als wahrer Kenner ißt er nicht nur, weil er Hunger hat, und trinkt nicht, weil er durstig ist. Er genießt. Das gilt auch für seinen sexuellen Appetit, und er schätzt Frauen, die seine hauptsächlichen Bedürfnisse befriedigen können.

Ob Essen, Trinken oder Sex, der Stiermann findet das Beste nicht zu gut oder zu reichlich. Romantische Schwärmereien sind nichts für ihn. Sein Geschmack ist lustvoll und direkt. Er ist ein wirklicher Mann in einer wirklichen Welt.

Ein Teil seiner unerschütterlichen Hartnäckigkeit ist auf sein großes Vertrauen in seine Sexualität zurückzuführen. Im Gegensatz zu vielen andern Männern braucht er sich nicht zu bestätigen.

Es macht Vergnügen, mit einem Stiermann auszugehen. Man braucht nicht vorzugeben, jemand anders zu sein als man ist. Er überzeugt jede Frau, daß sie so, wie sie ist, einfach wundervoll ist.

Der Stiermann kennt den Wert des Geldes und wünscht den Gegenwert dafür zu erhalten. Er läßt sich nicht überschwätzen, sondern öffnet die Brieftasche erst, wenn er überzeugt ist. Niemand kann ihn von seinem Geld trennen, nur er selbst. Er gibt es vernünftig aus und spart für sonnige Tage. Dann aber – welche Überraschung! – schenkt er der Geliebten zum Geburtstag die kostspieligen Brillantohrringe, die sie sich schon immer gewünscht hat. Oder er ersteht zwei Fahrkarten erster Klasse für eine Weltreise.

Männer, die die Sonne im Stier haben, zeichnen sich gewöhnlich durch gesunden Menschenverstand aus. Sie sind konstruktiv, stabil und scheuen harte Arbeit nicht. Hindernisse machen sie nur noch beharrlicher.

Trotz seiner offensichtlichen Vitalität erholt sich der Stiermann von einer Krankheit nur langsam. Andrerseits achtet er auf seine Gesundheit besser als andere Männer. Er fühlt instinktiv, daß er gesund bleiben muß.

Man hüte sich, ihm Vorschriften zu machen. Eine Frau braucht ihm auch nicht erst zu sagen, was sie wünscht. Er weiß es instinktiv und tut es.

Was man auch unternehmen mag, man fordere den Stier nicht heraus. Er ist zwar friedfertig, aber wenn sein Zorn einmal entfacht wird, gerät er in Wut. Es fällt ihm schwer, zu verzeihen und zu vergessen.

Männer, die in der ersten Hälfte der Stierzeit geboren sind, lieben Aktivität. Sie brauchen sie und wollen sie. Wenn sie es mit einem Problem zu tun bekommen, suchen sie eine klare, sachliche Lösung. Die Frau, die einen Stiermann durch Drohung oder Erpressung zu halten versucht, muß sich auf ernste Unannehmlichkeiten gefaßt machen.

Männer, die in der zweiten Hälfte geboren sind, greifen eher zur List – und werden manchmal durchschaut.

Der Stiermann neigt zu Eifersucht. Er möchte alle seine Besitztümer behalten. Er ist ein beharrlicher Sammler und trennt sich ungern von etwas, selbst wenn er es nicht mehr als Besonderheit betrachtet. Wenn eine Affäre vorbei ist, wird er versuchen, eine dauerhafte Freundschaft aufrechtzu-erhalten. Aber Vorsicht! Er kann ein schwieriger Freund sein, weil er mitunter überkritisch ist. Er ist nur solchen Menschen gegenüber nachsichtig, die ihn kalt lassen.

Er ist eigensinnig genug, auch für eine verlorene Sache zu kämpfen, tut aber selten etwas, was nur anderen Vorteile bringt. Dazu ist er zu egozentrisch.

Die Männer, die in den beiden ersten Wochen der Sonne im Stier geboren sind, sind meistens ungeduldig. Sie wollen unmittelbare Ergebnisse. Sie strengen sich sehr an, ihr Ziel zu erreichen, aber häufig mit Energieverschwendung, über-flüssiger Bewegung und Aufregung, weil sie den Kleinigkei-ten zuviel Beachtung schenken und sie aus dem Weg räumen wollen.

Der Stiermann, der in den beiden letzten Wochen geboren ist, neigt zu Ablenkungs- und Scheinmanövern. Sein Weg ist weniger gerade, verläuft im Zickzack und bringt ihn nicht immer ans gewünschte Ziel.

Von einem Matador kann man lernen, wie ein Stiergeborener zu behandeln ist. Der Matador überläßt dem Stier die eine Seite der Arena und wartet auf der anderen, bis er auf ihn zukommt.

Der Stiermann ist willensstark, sexbetont, besitzergreifend und sehr gefühlvoll. Er hat eine ursprüngliche Einstellung zum Sex, die besonders anregend sein kann. Die Frau, die über Verständnis und Geduld verfügt, und besonders diejenige, die beim Mann Schutz und Geborgenheit sucht, findet in ihm den Richtigen.

Das Sexleben des Stiermannes

Er macht gerne Liebe. Das mag einfältig klingen – wer nicht? –, aber es gibt Menschen, die Sex lediglich dazu benützen, sich von Spannungen zu befreien, den Herrn zu spielen, ihre Männlichkeit zu beweisen, oder wie bei einem Wettkampf Punkte zu sammeln. Sie genießen ihn nicht um seiner selbst willen. Der Stiermann tut das.

In vieler Hinsicht ist der Stiermann ein idealer Liebhaber. Er ist empfindsam und versteht die Gefühle seiner Partnerin. Er ist ein Selbststarter, der keiner großen Ermunterung oder Überredung bedarf.

Beim Stiermann erwacht der Sextrieb früh. Von Jugend an träumt er von Frauen. Als Jüngling ist er lüstern und nur darauf bedacht, sich sexuell auszuleben. Jede Frau ist ihm dann recht, denn er hat eine praktische Einstellung zum Sex. Seine Bedürfnisse sind unersättlich. Doch keine Sorge. Er wird Mittel und Wege finden, die der Frau dazu verhelfen, ihn zu befriedigen.

Sein Vorspiel ist oft einstudiert, fast eine Inszenierung. Spontanes Liebemachen gibt es bei ihm nicht. Es passiert erst etwas, wenn er den Augenblick für gekommen hält. Er nimmt es gemächlich – kein Ruckzuck, es war schön, danke bestens. Aber er ist in der Liebe nicht besonders phantasievoll. Man suche in ihm keinen exotischen Führer in unbekannte Gefilde sexueller Erlebnisse. Für ihn ist das Erprobte der wahre Weg; aber er erarbeitet es sich, und die Ergebnisse dieser Bemühungen sind nicht enttäuschend.

Manche Leute glauben, der Stiermann sei in punkto Sex etwas simpel. Er hat's gern direkt, unkompliziert und oft.

Der Stiermann kann einen Eisberg zum Schmelzen bringen. Sein größtes Plus ist seine Ausdauer. Was ihm an Phantasie fehlt, das macht er mit seinem Durchhaltevermögen mehr als wett. Die Frau muß die Initiative ergreifen, wenn sie etwas mehr Abwechslung in die Sache bringen will.

Das muß jedoch behutsam geschehen. Man kann einen Stiermann nicht antreiben, nur durch subtile Anregung läßt er sich lenken. Bedrängt man ihn, wird er widerspenstig. Stier ist ein Erdzeichen, das bedeutet Eigensinn. Mit subtilen Anregungen kommt man beim Stier wesentlich weiter.

Da der Stiermann Bequemlichkeit mag, kommen Bett mit Felldecke und indirekte Musik seinen Vorstellungen vom sexuellen Himmel sehr nahe. Was ihm besonders gefällt: ein paar Tropfen Champagner von der nackten Haut ablecken.

Der Stiermann reagiert auf Körpergeruch. Der Geruch der Achselhöhle einer Frau oder der Duft zwischen ihren Beinen wirkt auf ihn wie ein Aphrodisiakum. Er mag es sogar, den Schweiß vom Körper einer Frau abzulecken, würde allerdings Champagner vorziehen. Seine Freundin gleich zu Beginn von oben bis unten mit Massageöl einzureiben, macht ihm Spaß. Bei seiner oralen Vorliebe kann es ihm in den Sinn kommen, an jedem ihrer Zehen einzeln zu lutschen. Er hat sein eigenes Ritual und läßt sich dabei Zeit. Wahrscheinlich wird er gleich noch Cunnilingus in sein Vorspiel einbauen.

Bisexualität findet man bei Stiermännern verhältnismäßig häufig. Der Stier ist imstande, mehrere Verhältnisse gleichzeitig zu haben, und das mit Partnern beiderlei Geschlechts. Stiermänner mit typisch starkem Sextrieb können sich am Nachmittag mit einem jungen Mann ergötzen und am Abend mit einer Frau schlafen. In jedem Fall aber wird er eine Vorliebe für das Eindringen von hinten zeigen, oft kombiniert mit seiner Lust an oraler Befriedigung. Sexuelles Interesse an Pobacken ist bei fast allen Stiergeborenen ausgeprägt. Auch zu Koprophilie, dem Hang zu schlechten Gerüchen und Kot neigen Stiergeborene mehr als unter andern Zeichen geborene Menschen. In Extremfällen werden sie versuchen, den Partner für diese Praktiken zu gewinnen.

Erogene Zonen

Der empfindsamste Körperteil des im Stier Geborenen ist der Hals. Wenn man ihm mit leichtem Finger den Nacken streichelt und dann zum Küssen der Kehle übergeht, ist er rasch zu entflammen.

Gelegenheit zu derartigen «zufälligen» Berührungen ergibt sich oft. Beim Krawattenbinden, beim Wegnehmen von Haaren vom Mantelkragen, beim Gleiten mit der Hand über die Polsterlehne.

Im Schlafzimmer sollte man sich diese Empfindsamkeit zunutze machen. Leidenschaftliche Küsse auf den Nacken, sanfte Bisse in den Hals erregen den Stier. Dabei darf man

aber wieder nicht vergessen, daß der Stier langsam ist und
Gemächlichkeit liebt; die Annäherung darf nicht überstürzt,
der Augenblick nicht erzwungen werden.

So fängt es an

Den Stier findet man nicht unter den Salonlöwen, nicht im
Mittelpunkt der Gesellschaft, sondern sozusagen am Rande,
wo er sich eher still verhält, aber durchaus selbstsicher zu
sein scheint. Man erkennt ihn oft an seiner verhaltenen
Stimme, die ein starkes Timbre hat und wohllautend klingt.
Oder wenn man die Anwesenden bei einem peinlichen Zwi-
schenfall beobachtet: einer taktlosen Bemerkung, einer un-
geschickten Bewegung, herunterfallender Zigarettenasche
oder einem umgeworfenen Glas. Wer kaum mit der Wimper
zuckt, ist ein Stier.

Wer nach einer Oase in einer Wüste von unsicheren, ge-
schwätzigen Leuten Ausschau hält, der wende sich schnurstracks an den Stier. Bei ihm findet er nichts von gesell-
schaftlichem Kampf. Es mag allerdings ein Weilchen dauern,
bis man mit ihm eine Verabredung treffen kann. Der Stiermann trifft sie nicht schnell, die Stierfrau nimmt sie nicht
ohne weiteres an. Doch wenn sie es tun, kann man sicher
sein, daß sie einen auch wirklich mögen.

Ein Theaterbesuch beim ersten Rendez-vous ist kein
schlechter Anfang. Aber es sollte ein Schwank oder eine
Komödie sein. Der Humor des Stiers geht eher in die sehr
offensichtliche und derbe Richtung.

Auswärts essen kommt immer an. Gute Küche und edler
Wein, dafür ist der Stier immer zu haben. Das Essen sollte
exquisit, die Portionen aber nicht zu knapp bemessen sein.

Der Stiermann genießt Hausmannskost, wenn ihr anzumerken ist, daß man sich ihm zu Gefallen besondere Mühe gegeben hat. Das alte Sprichwort, daß die Liebe durch den Magen geht, könnte für den Stier geprägt worden sein.

Sosehr der Stier auch gute Kost und guten Wein zu schätzen weiß, Geldverschwendung sieht er nicht gern. Ein gutes Restaurant darf in seinen Augen nicht unnötig extravagant sein und sollte den vollen Gegenwert für das bieten, was er auf den Tisch legt. Die Stierfrau achtet den Mann, der mit seinem Geld haushälterisch umgeht. Ihm hingegen imponiert, wenn sie mit wenig Mitteln ein vorzügliches Essen auf den Tisch bringt.

Die im Stierzeichen geborenen Menschen sind materialistisch. Wenn sie als Hobby etwas sammeln, müssen diese Objekte immer gleichzeitig auch einen Wert darstellen.

Man hüte sich, ihm etwas vorzumachen oder zu übertreiben. Der Stier kann Lügen nicht ausstehen und durchschaut falschen Schein.

Geschenke für ihn sollten praktisch sein, aber doch etwas Besonderes an sich haben. Der Stiermann hat einen sehr männlichen Geschmack und ist konservativ. Smaragde sind die dem Stierzeichen zugeordneten Edelsteine. Sie sollen den Stiergeborenen Glück in der Liebe bringen.

Wichtig: Stiere können nicht von der Eigenliebe allein leben, sondern brauchen Liebesbeweise von andern. Wenn man sie ernstlich liebt, sollte man ihnen das auch zeigen.

Ende der Affäre

Je länger man mit einem Stier verbunden ist, desto schwieriger wird es sein, der Beziehung ein Ende zu machen.

In ihren Anfängen kann sich eine Affäre einfach deshalb schnell abkühlen, weil man den sexuellen Ansprüchen des

Stiers nicht gewachsen ist. Die unbefriedigte Stierfrau wird dem Mann, auch wenn sie verständnisvoll sein mag, bald den Laufpaß geben. Wird dem Stiermann bedeutet, man habe lieber Ruhe, wird er bald eine andere Gefährtin suchen.

Aber wenn sich das Verhältnis festigt, neigt der Stier dazu, den Partner auch als Freund zu betrachten, und von einem Freund will er nicht so ohne weiteres lassen. Wer zu diesem Zeitpunkt genug hat und sich nach dem nächsten Ausgang umschaut, der muß eben dem ausgeprägten Charakter des Stiers zuwiderhandeln. Er werde verschwenderisch, serviere lieblos belegte Brote, ziehe sich schlampig an und mache grobe, taktlose Bemerkungen. Er füge sich den Wünschen des Stiers nicht mehr, sondern versuche den eigenen Kopf durchzusetzen und tue bei Meinungsverschiedenheiten alles, ihn von einer anderen Ansicht zu überzeugen. Man flirte mit andern, locke ihn unter allen erdenklichen Vorwänden aus dem trauten Heim und lade das Haus voll Verwandte ein.

Es mag ein bißchen dauern, doch der langsame Weg ist sicher. Zum Schluß wird der Stier eine andere Weide suchen, auf der ihm das Gras besser schmeckt.

Wer mit wem, wie und warum

Stier und Widder

Gegensätzliche Persönlichkeiten. Der Stier mag nicht gehetzt werden, und die Begeisterung des Widders, der Sex sehr viel impulsiver genießt, stößt ihn vor den Kopf. Er hat keine sinnliche Phantasie, aber wenn es dem Widder gelingt, seine Gefühle zu erwecken, dann wird er sich bemühen, dem Partner zu entsprechen. Es kann sich ein liebevolles Verhält-

nis entwickeln, doch in der Ehe müßte der Stier lernen, die
Seitensprünge des Widders zu übersehen.

Stier und Stier

Sie passen in sexueller Hinsicht nicht immer zusammen. Die
Frau neigt in der Liebe zu Sentimentalität, der Mann ist
erdhafter. Unter Umständen zieht er die Gesellschaft von
Männern vor. Er wirft auch gerne ein Auge auf andere
Frauen. Die Stierfrau hingegen haßt es, betrogen oder vernachlässigt zu werden. Ein Verhältnis dürfte erfreulich sein,
für eine Ehe hingegen sind die Aussichten gemischt.

Stier und Zwillinge

Die dualistischen, wandelbaren, vielseitigen Zwillinge sind
genau das Gegenteil des beständigen, beharrlichen Stiers.
Die künstlerische, phantasiebeschwingte Seite der Zwillinge
zieht ihn an, und seine eigene Zurückhaltung kann die Zwillinge reizen. Aber seine langsamen Reaktionen und seine
schwerfällige Liebestechnik regen sie sehr oft auf. Ein Verhältnis dürfte genauso ungut verlaufen wie eine Ehe.

Stier und Krebs

Der Stier findet im Krebs einen romantischen, befriedigen-
den Partner. Der in sich ruhende Stier läßt sich durch die
Launen des Krebses nicht erschüttern, und seine stete Zielstrebigkeit gibt dem Krebs, der beim Sex zum Zögern neigt,
festen Boden. Beide haben ein starkes Verlangen nach erfüll-
tem Gefühlsleben. Wenn die körperliche Beziehung befrie-

digend verläuft, dann kann es zu einem beide zufriedenstellenden Verhältnis und einer lohnenden Ehe kommen.

Stier und Löwe

Der Stier muß sich dem Selbstherrlichkeitskomplex des Löwen anpassen. Der Löwe sieht es als sein gutes Recht an, den Mittelpunkt im Leben des geliebten Menschen zu bilden. Er ist eine ausschweifende, gebende Natur, der Stier neigt zu Nüchternheit und Selbstsucht. Auf sexuellem Gebiet wird es wenig zu klagen geben, aber der Stier muß sich nach der Stimmung und dem Tempo des Löwen richten. Der anspruchsvolle Löwe kann sich bei einer Affäre als schwierig erweisen, und eine längere Verbindung wird nicht gut.

Stier und Jungfrau

Beim Stier ist das Körperliche betont, und die Neigung der Jungfrau zu Prüderie kann ihm lästig sein. Im Bett bevorzugt die Jungfrau Einfachheit und bitte nicht zu viele Spielereien. Der Stier hat zwar nichts gegen den einfachen Weg, aber seine erdgebunden-gierige Einstellung zum Sex kann bei der Jungfrau Unbehagen verursachen. Sonst treten bei den beiden nicht viele Probleme auf. Eine gute Kombination für ein Verhältnis. Eine Ehe sollte glücklich werden, hängt jedoch von sexuellen Kompromissen ab.

Stier und Waage

Die Waage bringt zum Geschlechtsleben ein gut Teil Gefühlswärme mit, auch die notwendige Konzentration, körperliche Probleme zu analysieren und zu lösen. Sie wird sich bemühen, dem Partner Befriedigung zu verschaffen. Da der Stier ebenfalls hartnäckig ist, steht es um die gegenseitige sexuelle Erfüllung gut. Der Stier kann im Schlafzimmer die Führung übernehmen. Eine sympathische Affäre und gute Aussichten für eine Dauerbindung.

Stier und Skorpion

Gemeinsam ist ihnen der beträchtliche sexuelle Appetit. Außerdem haben beide kein besonderes Bedürfnis nach Seitensprüngen. Der erboste Stier kann allerdings eigensinnig sein, und wenn der Zorn des Skorpions einmal erregt ist, müssen sich alle Menschen, gleich welchen Zeichens, vor ihm hüten. Ein Verhältnis kann stürmisch verlaufen, eine Ehe ist nur mit äußerster Toleranz möglich.

Stier und Schütze

Hier besteht die Gefahr darin, daß der Stier versuchen wird, den freiheitsdurstigen, unabhängigen Schützen an die Kette zu legen. Das kann nicht gut gehen. Der triebhafte Stier wird an der wollustbetonten Natur des Schützen seine Freude haben, aber an dessen Drang, Liebe zu suchen, wo immer sie sich finden läßt, Anstoß nehmen. Sie werden sich im Bett gut vertragen, doch der unbekümmerte, leichtfüßige Schütze ist gewöhnlich ein besserer Liebhaber als Ehepartner.

Stier und Steinbock

Gleich starke sexuelle Triebe wirken sich aus. Beide mögen keinen ungezügelten Sex. Dem Stier behagt es nicht, daß der Steinbock nicht offen sagt, was er erwartet; und dem Steinbock behagt es nicht, daß der Stier sich zu nehmen sucht, was er haben will. Bei diesen beiden wird es nicht viel «Romantik» geben, aber sie können eine sinnlich geprägte Affäre oder eine sehr gute, langdauernde Beziehung erleben.

Stier und Wassermann

Der verinnerlichte Wassermann hat für die körperlichen Aspekte der Liebe weniger übrig als der Stier. Er möchte lieber auf geistiger Ebene verkehren, aber diese Art der Liebe befriedigt den leidenschaftlichen Stier nicht. Der Wassermann seinerseits mag den Stier zu anspruchsvoll finden. Aber der Wassermann erforscht gern erotisches Neuland und kann auf diese Weise gefesselt werden. Ein flüchtiges Liebeserlebnis, eine unbefriedigende Ehe.

Stier und Fische

Fische haben in sexueller Hinsicht ein wankelmütiges, unberechenbares Temperament. Der Stier dürfte damit nur schwer fertig werden. Wenn er dem Fischgeborenen dazu verhilft, seine Phantasien auszuleben, und ihn taktvoll und entschieden ermutigt, kann ein entschlossener Stier die Empfindsamkeit der Fische erhöhen. Die Gestaltung der sexuellen Beziehung hängt vom Stier ab. Es bestehen gute Aussichten für eine feurige Liebesbeziehung und für eine befriedigende Ehe.

Zwillinge

21. Mai – 20. Juni

Die Zwillingsfrau

Sie ist ein ganzer Harem. Zehn Frauen könnten es kaum mit ihrer Virtuosität aufnehmen. Wie bei einem Flaschengeist erscheint jedesmal, wenn man sie ruft, ein ganz anderes rätselhaftes, entzückendes, verführerisches Wesen.

Sie vermag fast jeden zu fesseln, denn sie ist eine hinreißende, geistreiche, herausfordernde Gesprächspartnerin. Sie hört auch anteilnehmend zu und zeigt Interesse an den Problemen des andern. Wer ihr seine Wünsche, Hoffnungen und Befürchtungen anvertraut, findet ein williges Ohr und bleibt nie ohne Antwort. Andere mögen sich scheuen, anderer Leute Probleme zu lösen, weil sie nicht anmaßend erscheinen wollen. Nicht so die Zwillingsgeborenen. Sie lieben es, Lebenslagen zu analysieren und Ratschläge zu geben.

Sie schließen leicht Freundschaft, sind aber an einer dauerhaften, Anforderungen stellenden Beziehung gewöhnlich nicht interessiert, wenden jedoch viel Zeit und Mühe auf, um ihre Freunde zu erfreuen. Man kann sich auf ihre Geburtstagsglückwünsche, Telefonanrufe und raschen Komplimente verlassen. Sie tragen für jeden Freund das Herz auf den Händen, so daß man es sehen kann – besitzen kann es jedoch keiner.

Die Zwillingsfrau möchte beliebt sein, obwohl sie nicht unbedingt alle und jeden liebt. Im Grunde verübelt sie es, wenn man ihr allzuviel Zeit stiehlt oder ihr weiterhin ein Problem aufbürdet, das sie längst zu ihrer eigenen Zufriedenheit gelöst hat.

Sie sucht fortwährend ein Ventil für ihre überströmende Tatkraft und Überschwenglichkeit. Sie handelt spontan, ohne das Für und Wider zu überlegen, und trifft schnelle Entscheidungen. Sie verläßt sich mehr auf ihre Reflexe als auf ihr Urteil.

Es fällt ihr ziemlich schwer, sich auf eine Aufgabe zu konzentrieren, weil ihr Interesse sie stets bereits zur nächsten zieht. Nichts fasziniert sie mehr als Neuartiges. Infolgedessen fühlt sie oft selbst, daß sie unorganisiert ist. Sie schwört sich dann, eine Arbeit von Anfang bis Ende durchzuführen, und versucht es auch ehrlich. Sie kann es aber nicht. Sobald sie zur Mitte gelangt ist, beginnt sie ungeduldig nach einem nächsten, noch unbekannten Weg Ausschau zu halten, der so viel mehr Aufregendes zu verheißen scheint.

Höchst emotionell kann sie die ganze Skala von A bis Z in einer Zeitspanne durchlaufen, in der andere nur von A bis B gelangen. Wie sie sich nicht mit einer einzigen Gemütsbewegung begnügen kann, so auch nicht mit einem einzigen Liebhaber, einer einzigen Arbeit oder einem einzigen Plan.

Eine verwirrend vielseitige Frau, eine heitere und unterhaltsame Kameradin, eine quicklebendige Lebensbereicherung, ist sie dennoch düsteren Stimmungen des Zweifels und der Angst vor dem Unbekannten unterworfen. Dann braucht sie eine starke Schulter, an die sie sich anlehnen kann.

Obwohl sie warmherzig und zartfühlend ist, wird sie von vielen als kalt betrachtet. Das liegt an ihrer Neigung, sich mehr auf ihre Intelligenz als auf ihr Gefühl zu verlassen. Das Sternbild Zwillinge wird von Merkur regiert, dem Planeten des logischen Denkens. Man muß der Zwillingsfrau auf ihrer eigenen intellektuellen Ebene begegnen.

Man versuche nicht, sie anzubinden. Sie ist ein freier Geist, kein Vogel für einen goldenen Käfig. Ankommen, wann es ihr gefällt, und wegzugehen, wenn es ihr nicht mehr paßt – das ist ihr Stil. Das gilt für die örtliche Umgebung ebenso wie für Menschen.

Sie verlangt auch vom Sexpartner geistige Übereinstimmung und läßt sich nicht in eine untergeordnete Stellung verweisen. Infolgedessen eignet sie sich besser für eine berufliche Laufbahn als zur Hausfrau. Wenn sie will, ist sie jedoch in beidem gut. Aber wenn man sie dazu zwingt, lehnt sie sich bald auf.

Sie neigt dazu, sich mit vielen Männern einzulassen, vor allem in der Jugend. Gewöhnlich gibt sie sich nicht damit zufrieden, Leben, Charakter und Laufbahn eines einzigen Mannes umzumodeln.

Fortwährend ändert und verwandelt sie etwas, stellt die Möbel um, sucht eine neue Wohnung, probiert neue Rezepte aus, versucht es mit einer neuen Diät, sucht neue Zerstreuung – nie ganz zufrieden mit dem Stand der Dinge. Wenn sie nicht an sich selbst und ihrer Umgebung arbeitet, dann arbeitet sie an ihrem Geliebten und versucht, ihn zu «bessern». Vielleicht erklärt das, warum so viele reizvolle Zwillingsfrauen unverheiratet bleiben. Da sie nicht dagegen ankönnen, muß der Mann sich wohl oder übel damit abfinden. Veränderung gehört zu ihrem Lebensschema – das einzige, was sie nicht ändern können!

Die Zwillingsfrau liebt Luxus und setzt einiges dafür ein, ihn zu erlangen. Inklusive ihren Sex-Appeal. Da sie sich gefühlsmäßig nicht bindet, fällt es ihr nicht schwer, Sex als Waffe zu gebrauchen. Und sie verfügt über genügend Charme und Phantasie, diese Waffe wirksam einzusetzen.

In ihren Beziehungen zu Männern scheint sie oft ein herzloses Spiel zu treiben. Aber der mißbrauchte Liebhaber ist meistens gewillt, zu verzeihen und zu vergessen – wenn sie ihn zurücknimmt.

Diejenigen, die es mit ihr aufnehmen können, werden die Erfahrung lohnend finden. Wo sonst gibt es denn eine Frau, die das Dasein auch nur halb so interessant macht? Sie ist bezaubernd, aufreibend – und ganz Weib.

Das Sexleben der Zwillingsfrau

Sie braucht keine besondere Inszenierung. Bei ihr tut es auch der Rücksitz im Auto oder eine Kinologe. Vom Liebhaber fordert sie hauptsächlich, daß er sich genügend Zeit läßt; denn sie mag nicht gehetzt werden.

Ihre Liebesstimmung kann erschreckend plötzlich umschlagen, besonders wenn der Mann zu schnell vorgeht. Ihr Tempo muß sie bestimmen, und wehe dem Liebhaber, der versucht, die Dinge zu rasch voranzutreiben. Sie kann eine Kälte einschalten, die dem hitzigsten Mann das Blut in den Adern gefrieren läßt.

Der Mann muß dafür sorgen, daß sich die richtige Stimmung entwickelt, bis die Einheit des Verlangens beide vereint. Sie genießt die ganze Tonleiter der Liebe, vom wörtlichen Anreiz bis zum Kitzel, von sinnlicher Erregung bis zu Laszivität. Sie belohnt Geduld mit dem ganzen ihr eigenen sexuellen Überschwang – und mehr kann ein Mann nicht verlangen.

Aber der Liebhaber, der sie festhalten möchte, sollte sich auch bewußt sein, daß die Zwillingsfrau, abgesehen von einem sehr urwüchsigen Sextrieb, ein Ideal sucht. Eine Liebesbeziehung muß für sie eine allumfassende Gemeinschaft sein, die Körperliches und Geistiges, Romantisches und Praktisches einschließt.

Sie macht oft den Anfang. Im Gegensatz zu früher weiß man heute, daß viele Männer sexuell aggressive Frauen gern haben, daß viele für offene Avancen empfänglich sind. Das Bild vom Mann, der erobern will, gilt nicht für alle. Hier hat die Zwillingsfrau große Chancen. Sie ist leicht entflammbar. Wie auch beim Zwillingsmann ist es weniger das Bedürfnis nach Sex oder nach Wollust, das sie treibt, sondern sie ist einfach neugierig. Und sie schämt sich ihres Benehmens nie, weil sie keine anderen Maßstäbe als ihre eigenen gelten läßt.

Die Zwillingsfrau tut gern zwei Dinge zu gleicher Zeit. Beim Vorspiel vereint sie leidenschaftliche Küsse mit manueller Anregung anderer erogener Zonen. Beim Fellatio vergißt sie nicht, auch ihre Hände zu gebrauchen. Sie hat gute Einfälle, die auf Intuition beruhen, und ersinnt viele erregende und kühne Variationen.

Sie ist stets auf der Suche nach mehr und mehr Befriedigung. Getrieben von rastloser Phantasie und unerschöpflicher Neugier, pflegt sie häufiger Geschlechtsverkehr als unter anderen Zeichen geborene Frauen und erprobt alle möglichen Experimente. Sie ist häufig bisexuell (wiederum die Dualität!), und bei Liebesbeziehungen mit Geschlechtsgenossinnen übernimmt sie gern abwechselnd die männliche und die weibliche Rolle.

Beim Liebesspiel mit einem Mann neigt sie mitunter zum Sadismus. Ein blitzschnelles Kneifen oder Quetschen delikater Stellen läßt ihren Partner im unklaren, ob er vor Schmerz oder Lust aufschreien soll.

In ihrer Suche nach höchster Ekstase wird sie auch zum Fetischismus hingezogen. Sie kann durch Körpergeruch leicht erregt werden, doch welcher Art ihr Fetischismus auch sein mag, er erregt sie eher körperlich als gefühlsmäßig. Neugier, nicht Perversität, ist das Motiv ihres Spieles. Wie auch der Zwillingsmann liebt sie erotische Spielzeuge und beweist in deren Gebrauch viel Phantasie.

Der Zwillingsmann

Er ist andauernd unterwegs, von einem Ort zum andern, von einem Menschen zum andern, von einer Tätigkeit zur andern. Ruhelos, nervös, begnügt er sich nicht damit, jeweils einen Tag zu erleben, sondern sucht eine Woche oder einen Monat in einen Tag zu pressen und auf verschiedenen Ebenen zugleich zu leben.

Was immer er gerade tun mag, er sehnt sich danach, etwas anderes zu tun. Er schwelgt in Widersprüchen. Die Frau kann nicht einmal sicher sein, ob er sie wirklich mag, denn seine Ausdrucksweise ist immer widersprüchlich. Während es den Anschein hat, daß er nicht mal weiß, ob sie lebt oder nicht, ist er vielleicht tief durchdrungen von ihrem Vorhandensein. Während er sie mit Aufmerksamkeiten überschüttet, ist sie ihm möglicherweise völlig gleichgültig. Welcher Art seine Gefühle auch sein mögen, in erster Linie sucht er sie instinktiv zu tarnen.

Er erträgt keinen Stundenplan. Man darf von ihm nicht verlangen, die Mahlzeiten einzuhalten oder zu einer festgesetzten Stunde zu schlafen oder wach zu sein. Er mag kein Gefangener der Uhr sein.

Er ist außergewöhnlich intelligent und hat ein gutes Mundwerk. Und wie gern redet er! Er jongliert mit mehreren Themen und läßt sie alle gleichzeitig in der Luft schweben.

Man versuche ja nicht, ihn im Wortkampf zu besiegen. Er ist höchst beredsam, und Wörter sind für ihn Waffen, die er mit vernichtender Wirkung anzuwenden weiß.

Auch im Gespräch macht sich eine merkwürdige Ruhelosigkeit bemerkbar, denn er springt von einem Thema zum andern wie von Eisscholle zu Eisscholle. Das wirkt elektrisierend und magnetisch und keineswegs unkontrolliert, denn was er sagt, sprüht vor Geist und Witz. Er ist ein faszinierender, vielseitiger, intellektueller Mensch, der sich fortwährend fast schmerzvoll bewußt ist, wie andere auf ihn reagieren.

Seine Begeisterung führt dazu, daß er nach allen Seiten

ausfächert und zuviel unternimmt. Bei der Inangriffnahme eines Planes entfaltet er große Tatkraft, aber dann fällt es ihm schwer, bei der Stange zu bleiben. Allzu oft gerät der schlagfertige, scharfsinnige Zwillingsmann ins Hintertreffen, überholt von weniger phantasievollen Konkurrenten, ein Leonardo da Vinci der Dilettanten.

Mißerfolge bekommen ihm schlecht. Er zerfleischt sich vor Selbstvorwürfen und versinkt in eine Depression, die seine geheime Furcht vor Unzulänglichkeit bestätigt.

Aber diese Stimmung dauert nicht lange. Ein neues Interesse stachelt ihn an und gibt seinen Lebensgeistern kometenhaften neuen Aufschwung.

Er interessiert sich für Spiel und Sport, Liebhabereien und alle Arten von Zerstreuung. Er reist gern, um immer wieder etwas Neues zu sehen. Er arbeitet angestrengt, doch nur für kurze Zeit. Seine besten Leistungen erzielt er, wenn die Arbeit eine anregende geistige Herausforderung bedeutet. Er braucht häufige Pausen, Ferien, Unterbrechungen der Routine. Im Grunde machen ihm seine Liebhabereien mehr Spaß als irgendeine Arbeit.

Er ist gern verliebt und nimmt dazu jede Gelegenheit wahr. Aber er sucht auch seine Freiheit und unterdrückt sein Ich nicht, um einer Frau zu gefallen. Auch in der Liebe langweilt ihn die Routine, und wenn er ihr ausgesetzt wird, kann er feindlich und streitsüchtig werden. Er muß immer wieder aufs neue seine intellektuelle Überlegenheit beweisen. Akzeptiert die Frau dies allzu leicht, fühlt er sich frustriert. Widerstand muß sein, ob Protest oder Kampf, bevor er sich seines Sieges freut.

Seine größte Schwierigkeit ist seine Unschlüssigkeit. Weil es ihm schwerfällt, bei der Stange zu bleiben oder etwas bis zu Ende durchzuführen, beschuldigt man ihn oft, launisch und unbeständig zu sein. Sobald er den Kern eines Problems herausgeschält hat, sucht er sofort etwas anderes, etwas Neues ... etwas jenseits des Horizonts.

Das trifft auch auf sein Verhalten im Geschäftsleben zu. Gewöhnlich wird er als der hellste Kopf im Betrieb betrachtet, als ein Mann mit glänzenden Ideen, der das Zeug dazu hat, zur Spitze zu gelangen. Aber er bleibt nicht lange genug in der gleichen Firma, um seiner Begabung entsprechend aufzusteigen. Er wird ein Problem rasch erkennen und zu dessen Lösung die eigenen Fähigkeiten und die seiner Mitarbeiter richtig einsetzen und neue Wege gehen. In verhältnismäßig kurzer Zeit aber entdecken die Leute, daß ihn auch diese neuen Wege langweilen und er nach noch neueren sucht. Das führt zu soviel Widerständen, daß er schließlich geht. Am besten ist er als «Ausbügler» oder Berater, ständig mit neuen Problemen konfrontiert, deren Lösung er anregen, aber nicht überwachen muß. Der Zwillingsmann ist ein großer Stratege, der die Alltagstaktik aber gerne andern überläßt.

Es fällt ihm schwer, das Geld zusammenzuhalten. Besitztümer schlüpfen ihm durch die Finger. Wenn sein Bankkonto angeschwollen ist, fühlt er sich ungemütlich und sucht Gründe, das Geld loszuwerden. Sicherheit findet er nur in der Unsicherheit.

Manche Menschen meinen, er habe die ewige Jugend gepachtet, mit der damit verbundenen nie erlahmenden Vitalität und Wißbegierde, Vergnügungssucht und Freude an Zerstreuung. Man nennt ihn den Peter Pan des Tierkreises, weil er nie erwachsen zu werden scheint.

Frauen spielen nicht die größte Rolle in seinem Leben, obwohl er sich bei ihnen mehr als seinen Anteil holt. Wenn er auf sie Jagd macht, geschieht es nicht aus übersteigertem Sextrieb, sondern weil er gern etwas Neues ausprobiert. Zu Beginn einer Affäre ist er wundervoll und alles, was eine

Frau sich nur wünschen kann; aber seine Gefühlsaufwallung ist bald verpufft, und zur Aufladung braucht er dann Veränderung. Seine Gemütsbewegungen sind oft oberflächlich. Eine gemeinsame Zukunft mit ihm ist ungewiß, die Gegenwart jedoch macht zweifellos Spaß.

Das Sexleben des Zwillingsmannes

Er gerät nicht außer Atem, ist nicht anstrengend oder leidenschaftlich. Er spielt eine Doppelrolle – in der einen ist er Teilnehmer, in der andern Zuschauer. Wenn er will, kann er jede Frau in Stimmung bringen, denn er weiß genau, wie die richtigen Reaktionen hervorzurufen sind.

Die Idee als solche reizt ihn mehr als der Akt selbst, nicht so sehr die Wollust, die sexuelle Betätigung beschert, als das, was die Psychologen Apperzeption nennen: die bewußte Wahrnehmung. Beim Tun stillt er also auch die Neugier nach der Frage, wie es getan wird; während er reagiert, studiert er gleichzeitig, wie er reagiert. Er ist immer sowohl der Tätige als auch der Zuschauer.

Sex mit ausgelöschtem Licht ist nichts für ihn. Spiegel überall, die ihm ermöglichen, das Liebesspiel aus jedem Blickwinkel zu sehen, stimulieren ihn. Dazu noch einen pornographischen Film – das entspräche seinen Vorstellungen und bringt ihn auf Touren.

Er erwärmt sich nur allmählich. Cunnilingus ist nicht seine besondere Stärke, und Fellatio macht ihn nicht wild; aber er liebt die andern Vorspiele. Er kann sie genußvoll in die Länge ziehen; er knabbert am Ohr, streichelt den Rükken und spielt kunstvoll das Spiel der sexuellen Erregung, bevor er auf sein Ziel losgeht. Der eigentliche Akt ist dann meistens kurz und wild. Selbst wenn der Zwillingsmann bekommen hat, was er wollte, ist er zwiespältig, ob es sich wirklich gelohnt hat.

Wo er Liebe macht, ist ihm egal, und er kann sich fast bei jeder Frau den Weg ins Bett erschwatzen. Meistens liegt ihm mehr daran, sich selbst oder seine Neugier zu befriedigen als seine Partnerin. Nicht viele Frauen bemerken das, auch wenn sie manchmal den Verdacht hegen, daß sie bloß zu seinen Erfahrungen beitragen; denn er ist in der Liebeskunst bewandert und kennt sich auf Gebieten aus, die von andern Männern so oft vernachlässigt werden. Er sagt einer Frau genau das, was sie zu hören wünscht, schafft eine besondere Atmosphäre aufregender Romantik, und gerade das bindet sie mehr an ihn als reines körperliches Vergnügen.

Eine Warnung: Selbst wenn es ihm gelungen ist, von seiner absoluten Aufrichtigkeit zu überzeugen, darf man ihm nicht allzusehr trauen. Er ist ein Rattenfänger von Hameln, der bald ein anderes Opfer dazu verführen wird, seiner bezaubernden Melodie zu folgen. Seine Aufrichtigkeit ist «echt», aber nur in dem Sinne, daß er meint, was er gerade in diesem Augenblick sagt.

Gruppensex liebt er besonders, einschließlich bisexueller Betätigung, denn er genießt die Vielfältigkeit und die verschiedenen Gelegenheiten, die dabei auftauchen. Abwechslung ist seines Lebens Würze. Mit dem einen Partner Liebe machen und dem andern gleichzeitig zuschauen, wie er sich selbst befriedigt, das ist eine Variante, die er bevorzugt.

Erotisierendes Zubehör reizt ihn, und er experimentiert gerne damit, inklusive Pillen, Sprays, Ölen und Salben. Was auch immer es auf diesem Gebiet gibt, der Zwilligsmann wird genau das herausfinden, was ihm den meisten Lustgewinn bringt.

Weil der Zwillingsgeborene in zwei Richtungen gezogen wird, hat er die Neigung zur Bisexualität. Manche, die an der

Heterosexualität festhalten, werden Transvestiten, die ihr dualistisches Verlangen dadurch befriedigen, daß sie sich als Frauen verkleiden. Sie stellen auch allerlei Experimente an, um zu ergründen, wie man sich als Frau fühlt.

Das Verlangen des Zwillingsmannes nach immer ungewöhnlicheren Formen der Befriedigung treibt ihn auch zu starken Formen des Sadismus, bei denen es sich immer um eine klar umrissene Herren-Sklaven-Beziehung handelt. In der Literatur findet man das treffendste Porträt eines Zwillingsmannes im Roman des amerikanischen Dichters Robert Louis Stevenson «Dr. Jekyll und Mr. Hyde». Die Dualität seiner Natur führt ihn als Wissenschaftler zu den gewagtesten Experimenten, als Mann zu ungewöhnlichen Ausschweifungen. Ein klassisches Beispiel für das Verhalten eines Zwillingsgeborenen.

Erogene Zonen

Die Hände und die Arme bis zu den Schultern hinauf sind besonders empfindsame Körperzonen. Zwillingsfrauen reagieren auf Handküsse, Zwillingsmänner haben es gern, wenn die Geliebte einzeln an ihren Fingern saugt.

Beide lieben es, wenn ihre Arme zart gestreichelt werden. Schon die flüchtige Berührung ruft bei ihnen eine Gänsehaut hervor, fast als ob die Nervenenden die Berührung zurückgeben wollten. Die zufällige Liebkosung ihrer Hände kann ihnen einen Wonneschauer über den Rücken jagen. Als besonderen Hochgenuß empfinden sie zarte Küsse auf die Innenseite der Arme. Läßt man Lippen und Zunge leicht vom Ellenbogen zur Achselhöhle gleiten, so blitzen die Signale der Begierde auf.

So fängt es an

Schon in der ersten Minute hat man das Gefühl, den Zwillingsgeborenen seit ewigen Zeiten zu kennen. Das Gespräch fließt über von Gedankenblitzen, Witz und interessanten Erfahrungen. Man lacht, bevor man sich's versieht. Das Leben scheint viel aufregender zu sein als kurz zuvor.

Ein vorsorglicher Gastgeber sollte darauf bedacht sein, bei einer Einladung mindestens zwei Zwillingsgeborene unter den Gästen zu haben. Ihr vibrierender Magnetismus erhellt den Raum wie ein funkelndes Feuerrad, und sie begegnen Langeweile wie einem persönlichen Feind.

Es ist immer am besten, Zwillinge im ungewissen zu lassen. Das reizt ihre Neugier. Man treffe mit ihnen eine Verabredung, ohne daß sie wissen, was unternommen werden soll. Aber es darf keine Enttäuschung werden! Mit ihnen einfach essen zu gehen, genügt nicht; es muß ein neuer und ungewöhnlicher Ort sein. Es braucht kein teures Lokal zu sein – dieser Punkt kümmert Zwillinge nicht –, aber es muß anders sein!

Wer Zwillinge anziehen will, muß gewandt und lebhaft wirken, lasse sie aber nicht zu bald fühlen, daß er bezaubert von ihnen ist. Sie rätseln gern am Geheimnisvollen herum, und es spannt sie auf die Folter, wenn sie verborgene Tiefen oder zurückgehaltene Geheimnisse spüren. Immer daran denken: Zwillinge sind stets neugierig.

Das Schlüsselwort ist Phantasie. Sie lieben aus dem Rahmen fallende Gesellschaften mit berühmten Leuten, geistreichen Gesprächen oder unterhaltsamen Spielen. Wenn alles fehlschlägt, versuche man es mit einem Maskenball. Die Herausforderung, sich ein extravagantes Kostüm einfallen zu lassen, ist für den Zwilling unwiderstehlich.

Tagesereignisse, Kunstausstellungen, Konzerte, aktuelle

kulturelle Veranstaltungen gehören ins Gespräch und ins Programm. Zwillinge sind intellektuell!

Die üblichen Kinos, Restaurants und Treffplätze sind zu meiden, überhaupt alles, wohin «man» geht. Zwillinge interessieren sich nicht sehr für Dinge, die «in» sind, sie suchen das Originelle. Etwas merkwürdige Freunde, deren wahre Qualitäten nie jemand richtig entdeckt hat. Der Zwilling wird bald alle Seiten ihres Charakters ausloten und Dinge über sie wissen, die kein Mensch geahnt hat.

Das Reden überläßt man ihnen. Sie sind spontane Selbstzünder, und man braucht nur ein aufmerksamer Zuhörer zu sein. Man lasse sie reden, bis sie sich einreden, sich verliebt zu haben!

Man versuche die berühmte Zwillingsdualität für die eigenen Zwecke einzuspannen. Niemals Kino oder Abendessen: Beides! Auch ernsthafte, tiefsinnige Gespräche und amouröses Vorgeplänkel schließen sich nicht gegenseitig aus. Zwillinge beiderlei Geschlechts können sich ja zweiteilen und sich interessanten Betätigungen gleichzeitig widmen!

Um jeden Preis müssen ihre Angehörigen kultiviert werden. Man mache gute Miene zum bösen Spiel, wenn sie ihr Heimkino aufstellen oder das Familienalbum hervorholen. Dabei kann man unbesorgt den Plattenspieler laufen lassen. Zwillinge haben nichts dagegen, doppelt beansprucht zu werden.

Wer extreme oder fanatische Anschauungen hegt, wird mit einem Zwillingsgeborenen nicht gut auskommen. Allzu deutlich sehen sie auch die andere Seite der Frage. Sie sind von Natur liberal und tolerant, und engstirnige Menschen bringen es bei ihnen nicht weit.

Da Zwillinge Klatsch lieben, sollte man alle saftigen Geschichten, die man gelesen oder gehört hat, für sie aufheben. Sie werden einige beißende Kommentare dazugeben, vor allem in moralischer Hinsicht, doch ist das nicht weiter ernst zu nehmen und absolut nicht als Maßstab dafür zu deuten, wie sie reagieren werden, wenn man zur Sache kommt. Ihre Ansichten über das Benehmen anderer Leute und über ihr eigenes Verhalten klaffen weit auseinander. Verschwiegenheit darf man allerdings nicht von ihnen erwarten.

Das Ende der Affäre

Wie bricht man das Verhältnis ab? Ganz einfach. Die Methode kann in einem Schlagwort zusammengefaßt werden: Langweilig sein. Man äußere sich nicht mehr, und wenn man doch den Mund aufmacht, dann erzähle man umständliche Geschichten in erschöpfenden Einzelheiten. Der Zwillingsgeborene wird dann mit einer Miene zuhören, als würde er in einem Butterfaß ertränkt.

Man provoziere wilde Diskussionen. Der Zwilling haßt Streitigkeiten. Man unterbreite ihm in ermüdender Breite die eigenen Probleme. Der Zwilling findet anderer Leute Probleme deprimierend.

Ungeduld und Reizbarkeit kann er nicht ausstehen.

Man gehe immer an denselben Ort, mit denselben Leuten und erzähle dieselben Geschichten.

Man biete im Bett keine Abwechslung mehr, sondern Routine. Und man rede danach des langen und breiten darüber.

Man sehe alles schwarz. Der Zwillingsgeborene ist ein ausgesprochener Optimist. Man male ihm die Zukunft in den düstersten Farben.

Man beschneide seine Bewegungsfreiheit. Man erfinde alle möglichen Gründe, Abend für Abend zu Hause zu bleiben. Man bürde ihm geisttötende Hausarbeit auf.

Man lade die langweiligsten Bekannten zum langweiligsten Abend, den man aushält, ein. Nach dem letzten Gast wird auch der Zwilling gehen – und nie wiederkommen.

Wer mit wem, wie und warum

Zwillinge und Widder

Beide sind lebhaft, begeisterungsfähig und lieben Abwechslung in der sexuellen Beziehung. Im Bett werden sie sich nicht so leicht miteinander langweilen. Der Widder vermag dem Zwillingsgeborenen die feste Richtung zu geben, die er braucht. Die Launenhaftigkeit der Zwillinge wirkt auf ihn nicht abstoßend, sondern regt ihn eher an. Ausgezeichnete Voraussetzungen für eine kurzfristige Liaison, wobei Aussicht besteht, daß diese sich zu einer dauerhaften Beziehung entwickelt.

Zwillinge und Stier

Der eifersüchtige, besitzergreifende Stier kann mit dem herumflirtenden Zwilling nichts anfangen. Der Zwilling spürt das und sucht dem einschränkenden Netz des Stiers auszuweichen. Sexuell ist der Stier dem Zwilling zu schwerfällig, der wiederum kann dem Stier nicht die Sicherheit geben, die dieses Zeichen braucht. Das Resultat wird eine unglückliche, kurzlebige Affäre sein.

Zwillinge und Zwillinge

Sie können viel Spaß miteinander haben, solange das Verhältnis dauert, aber es wird sehr schnell wackeln. Außer einer vorübergehenden körperlichen Anziehung deuten alle Zeichen auf den direkten Weg zum Fiasko. Beide sind kokett, impulsiv, leicht gelangweilt. Die Liebesbeziehung wird turbulent verlaufen, die Ehe wahrscheinlich eine Katastrophe werden. In den seltenen Fällen, wo diese Vereinigung funktioniert, bilden die beiden das interessanteste Paar, das es gibt.

Zwillinge und Krebs

Für diese Paarung besteht Gefahr. Der Krebs ist zu empfindsam und zu scheu, um seine wahren Gefühle zu zeigen. Der Zwillingsgeborene will mit der Liebe spielen, wohingegen der Krebs sie ernst nimmt. Der Krebs braucht Lob und Bestätigung, aber der Zwillingsgeborene kann grausam offen sein. Diese Charakterunterschiede bilden im Schlafzimmer häufig eine Quelle der Schwierigkeiten. Bei einem Verhältnis geht es stetig bergab, eine Ehe wird letztlich scheitern.

Zwillinge und Löwe

Der weitherzige, großzügige Löwe wird in den Händen des Zwillingsgeborenen zu Wachs – und ist selig! Der Zwillingsgeborene zeigt sich beim sexuellen Spiel wandelbar und geschickt, der Löwe reagiert mit Bewunderung und Zuneigung. Der Löwe ist es zufrieden, den Zwilling arglos seinen eigenen Weg gehen zu lassen. Eine ideale Kombination. Eine

Affäre wird aufregend und vergnüglich sein, und auch für eine Dauerbeziehung sieht alles rosig aus.

Zwillinge und Jungfrau

Die Jungfrau betrachtet den Zwillingsgeborenen als unreifen Liebhaber; Zwillinge ihrerseits finden die Jungfrau altmodisch und langweilig. Die Jungfrau hat feste Ansichten über sexuelles Verhalten; Zwillinge schwanken. Wenn das Feuer der Leidenschaft ausgebrannt ist, wird die Jungfrau nörgeln und kritisieren, und der Zwillingsgeborene schaut sich nach Abwechslung um. Ein Liebespaar unter einem schlechten Stern, das nicht mit einer langen Zukunft zu rechnen hat.

Zwillinge und Waage

Eine reizvolle, interessante Verbindung. Beide sind liebevoll, und die sexuelle Vereinigung kann feurig werden. Beide sind weder eifersüchtig noch possessiv, und ihre Temperamente wirken stabilisierend aufeinander. Beide experimentieren in erotischer Hinsicht gern. Ein Verhältnis dürfte ein Genuß für beide sein. Große Chancen für eine glückliche Ehe, besonders wenn die Waage das Portemonnaie des Zwillings bewacht.

Zwillinge und Skorpion

Sexuell passen sie gut zusammen, aber hier bestätigt sich der Spruch, daß körperliche Anziehung allein nicht genügt. Der Skorpion ist eifersüchtig, der Zwillingsgeborene launisch.

Wenn der Skorpion die Zügel zu straff anzieht, wird der
Zwilling ausbrechen. Nach einem leidenschaftlichen Zwi-
schenspiel kühlt sich das Verhältnis rasch zu Mißvergnügen
und sogar zu Feindseligkeit ab. Nur ein außergewöhnliches
Paar kann es zu einer guten Ehe bringen.

Zwillinge und Schütze

Beide sind ruhelos, wandelbar und als Liebende nicht gerade
demonstrativ. Der Zwillingsgeborene neigt dazu, das Verhalten des Schützen im Bett zu kritisieren. Dieses Verhältnis
hat noch andere schwache Punkte, aber positiv wirkt sich
aus, daß beide weder anspruchsvoll noch besitzergreifend
sind. Eine Liebesbeziehung beginnt impulsiv und endet
ebenso. An einer Ehe müßten beide arbeiten, aber wenn sie
es tun, kann es sich lohnen.

Zwillinge und Steinbock

Der Zwillingsgeborene ist für den konservativen, stetigen,
häuslich gesinnten Steinbock zu ungeduldig, zu freiheits-
und unabhängigkeitsbedürftig. Das sexuelle Verhalten des
Zwillingsgeborenen stößt manchen braven Steinbock vor
den Kopf. Der Steinbock sorgt sich mehr um andere Dinge –
Arbeit, Finanzen, berufliche Laufbahn – als um seine sexuellen Bedürfnisse und findet den Zwilling leichtsinnig. Ein
Verhältnis ist möglich, aber eine erfolgreiche Ehe der beiden
wäre ein Beweis für alles überwindende Liebe.

Zwillinge und Wassermann

Empfindsame Zwillinge verstehen und schätzen die Phantasie des Wassermanns. Sie können abenteuerliche, erfindungsreiche Liebhaber werden. Das Merkmal der Beziehung ist die Unberechenbarkeit. Sie wird nicht immer glatt verlaufen, kann aber anregend und lohnend sein. Wenn das Verhältnis zu Ende ist, wird Freundschaft bleiben. Die Ehe ist wahrscheinlich ersprießlich und angenehm, aber eher durch tiefe Zuneigung als durch Leidenschaft gekennzeichnet.

Zwillinge und Fische

Die beiden sind im Ausdenken neuer sexueller Variationen besser als in deren Ausführung. Die Fische sind für die Zwillinge ein bißchen zu gefühlsbetont, deren Impuls es ist, das Erlebnis zu genießen – und weiterzuziehen. Daraus kann sich eine Atmosphäre des Mißtrauens ergeben. Es ist möglich, daß zwischen beiden echte Zuneigung herrscht, aber die Beziehung wird schließlich durch die Unsicherheit zermürbt. Ein riskantes Verhältnis, eine unglückliche Ehe.

Krebs

21. Juni – 22. Juli

Die Krebsfrau

Man braucht einen Kompaß, wenn man durch die Seelen-landschaft dieser Dame reisen will. Hat man nicht den richti-gen, verirrt man sich und vermag nicht zu bestimmen, wo man mit ihr dran ist.

Im Zweifelsfall erinnere man sich der folgenden Regel: Sie ist abhängig von der Unterstützung ihrer Nächsten, aber zu scheu, ihren Gefühlen Ausdruck zu verleihen. Und sie er-trägt keine Kritik, vor allem nicht, wenn sie dabei lächerlich gemacht wird. Nichts verletzt sie mehr, nichts findet sie grausamer und ungerechter. Die schmerzliche Erinnerung daran bleibt haften, bis sich ihr eine Möglichkeit bietet, Ra-che zu üben.

Sie hat überhaupt ein Gedächtnis, als ob die Erinnerungen in eine Stahlplatte graviert wären. Sie sind kaum auszulö-schen. Sie verblüfft immer wieder mit der genauen Wieder-gabe einmal gesprochener Worte und kann ganze Unterhal-tungen wiederholen.

Das liegt nicht zuletzt daran, daß die Krebsfrau die Ver-gangenheit hegt. Am liebsten würde sie darin weiterleben, und wenn sie zum Okkulten neigt, glaubt sie an ein früheres Leben. Sie liest gern historische Bücher und richtet ihre Wohnung vorzugsweise mit Antiquitäten ein. Sie liebt Ah-nenbilder, die ihrem Sinn für Kontinuität entsprechen. Das Leben bedeutet für sie nicht nur das Hier und das Jetzt.

Sie ist häuslich und verwendet viele genußreiche Stunden darauf, ihr Heim nach ihrem Geschmack einzurichten. Ihr Sinn fürs Dekorative ist manchmal ein wenig altmodisch, jedoch nie kitschig. Ihre Küche ist so warm und einladend wie auf einem alten niederländischen Gemälde. Das eigene Heim ist wirklich ihr Reich.

Niemand verläßt ihr Haus hungrig. Sie kocht vorzüglich.

Ihr Kühlschrank ist bis obenhin gefüllt mit Vorräten und guten Dingen. Das gehört zu ihrem übermächtigen Verlangen nach Sicherheit. Sie muß einfach wissen, woher ihr nächstes Mahl kommt – und ihr nächstes Monatsgeld. Sie weiß, daß Geld zählt.

Sie ist nicht geizig, aber sie legt Geld auf die Seite, um gegen schlechte Zeiten gefeit zu sein. Sie trennt sich vom Geld nur gern, um es als Balsam für eine seelische Wunde zu benützen. Ein seelisches Trauma kann durch eine Einkaufsorgie geheilt werden, aber selbst dann neigt sie dazu, das Geld wertbeständig anzulegen, etwa in Brillanten.

Sie klatscht nicht. Man kann ihr unbesorgt ein Geheimnis anvertrauen, sie wird es nicht weitertragen. Wenn es sich um Bekenntnisse handelt, ist sie buchstäblich verschwiegen wie ein Grab.

Andererseits ist sie eine wunderbare Erzählerin. Es ist ein Vergnügen, ihr zuzuhören, wenn sie Geschichten und Anekdoten erzählt, meistens aus der eigenen Vergangenheit oder von ihrer Familie. Sie hält ihre Zuhörer in Bann, indem sie den Ton leicht ändert, fein nuanciert und Wortbilder anwendet, die einem Dichter Ehre machen würden. Witze kann sie allerdings nicht erzählen. Denn wenn sie etwas komisch findet, kann sie sich vor Lachen kaum mehr beherrschen. Sie brüllt dann geradezu vor Lachen. Und dieses Lachen ist nicht ihre beste Eigenschaft. Es ist albern, beinahe hysterisch.

Sie ist ihren Freunden treu, auch dem Mann, mit dem sie sich verbindet. Manchmal hat ihre Treue etwas Klettenhaftes. Dafür erwartet sie auch vom andern ständig Liebesbeweise. Sie muß umsorgt und gelobt, möchte umschwärmt und angebetet werden. Sie muß mit zarter Behutsamkeit und geduldiger Rücksichtnahme behandelt werden, denn vor einem draufgängerischen Mann weicht sie zurück.

Es fällt ihr schwer, sich in Liebe hinzugeben, obwohl sie auf Männer wegen ihrer Bescheidenheit, Heiterkeit und ihres echten Mitgefühls sehr anziehend wirkt. Sie ist das scheue, liebliche Mädchen in weißem Organdy, dessen Bild jeder Mann in einem Geheimfach seiner Seele mit sich herumträgt. Wenn man sie erobern will, darf man Rosen, Kerzenlicht, Champagner und Liebesgedichte nicht mißachten. Es wird keine schnelle Eroberung sein. Ja, es wird sich wahrscheinlich um alles oder nichts handeln, um leben oder sterben, um Heirat oder Trennung für immer. Die Entscheidung sollte der Mann sorgsam abwägen. Verliert er sie, so wird ihn die Erinnerung nie mehr loslassen.

Zwei Dinge muß diese Frau, deren Sonnenzeichen vom Mond beherrscht wird, im Verein haben – Liebe und Geborgenheit. Sie sucht jene Liebe, die über den Sex hinausgeht, und das bedeutet Heim, Kinder, eine stabile Beziehung. Sie läßt den Mann nicht in ihr Schlafzimmer, bevor sie seiner langfristigen Absichten sicher ist.

Wenn sie wahre Liebe findet, tut sie alles für den Mann, und sie ist durchaus fähig, die befriedigendste Sexpartnerin aller Tierkreiszeichen zu werden! Ihre Aufrichtigkeit in der Liebe macht sie zur schlechtesten aller Kandidatinnen sobald es um bezahlte Gunst geht, sei es als Prostituierte, Call-Girl oder einer Heirat aus Vernunftsgründen. Sie ist außerstande, sexuelle Reaktionen vorzutäuschen.

Unter den richtigen Umständen kann sie jedoch eine gute Geliebte sein, vorausgesetzt sie weiß, daß der Mann sie aus bestimmten Gründen nicht heiraten kann oder ehrlich überzeugt ist, der Trauschein sei nicht wichtig. Wenn sie sich einem Mann hingibt, bleibt sie ihm auch treu. Jeder Mann, der sie als Geliebte gewinnt, ist gut beraten, wenn er sie zu seiner Frau macht – nur um sicherzugehen, daß er diesen Schatz nicht verliert!

Nicht etwa, daß er sich deswegen Sorgen zu machen brauchte. Sie ist der Prototyp des Weibes, das zu seinem Mann steht. Sie steht auch dann zu ihm, wenn er Alkoholiker, Schürzenjäger oder ein Ekel ist. Manche Männer beklagen sich, diese alles verzeihende Liebe könne auf die Nerven gehen, und Psychologen erklären sie mit der unbewußten Angst, unwürdig zu sein und deshalb in der Liebe nichts fordern zu dürfen.

Was auch der Grund sein mag, Krebsfrauen werden von den Männern oft schlecht behandelt.

Das Sexleben der Krebsfrau

Sie nimmt Signale zwar sehr schnell wahr, wird aber nie den ersten Schritt tun. Dazu ist sie zu scheu; außerdem befürchtet sie, daß sie auf Kritik stößt, wenn sie sich allzu weit aus ihrer Schale hinauswagt. Sie muß auf subtile Weise ermutigt werden, bis ihre erotische Phantasie von Hemmungen frei ist. Ihr muß gezeigt werden, daß sie sich in der Liebe von ihren Gefühlen hinreißen lassen darf, daß ihre Reaktionen die Lust des Mannes erhöhen, und daß sie sich ihrer Libido nicht zu schämen braucht.

Ihr sensibles Wesen wird durch die Einstellung des Partners stark beeinflußt. Ist er verständnisvoll, mitfühlend, zart, rücksichtsvoll, wird sie sich entfalten wie eine Blume unter den wärmenden Sonnenstrahlen. Ein barsches Wort, eine falsche Bewegung oder eine grobe Bemerkung bewirkt, daß sie sich sofort zurückzieht. Die Schale ihres Selbstvertrauens ist sehr zerbrechlich.

Sie kann eine wundervolle Geliebte sein, denn sie ist intensivster Sinnlichkeit fähig. Die Freude, die sie fühlt, wenn sie sich von früheren Hemmungen befreit hat, wird jeden

Mann beglücken. Sie wird seine Leidenschaft so beantworten, daß es ihn nicht nur ans Herz rührt, sondern auch seine Potenz stärkt. Sie kann sogar zur Sklavin der sexuellen Wollust werden, wenn sie sie erst einmal kennengelernt hat.

Der Mann sollte im Anfang an ihre mütterliche und sentimentale Seite appellieren, denn das wird die sexuelle Bindung erhöhen und vertiefen. Aber er darf nie vergessen, daß bei der Krebsfrau auch Zeit und Gelegenheit stimmen müssen. Man erwarte von ihr nicht, mit dem Rücksitz im Auto vorlieb zu nehmen. Sie muß glauben, daß es sich wirklich um Liebe handelt, und der Ort muß so beschaffen sein, daß sie sich wohlfühlt.

Im Zweifelsfalle ist das ihr eigenes Zuhause, da fühlt sie sich sicher. In der Wohnung des Mannes funktioniert es nur, wenn sie schon oft genug dort war, um sich nicht mehr als Fremde vorzukommen. Wenn der große Augenblick gekommen ist, wird sie ihn wahrscheinlich zu sich einladen, zu herrlichem Essen bei Kerzenschein und guter Musik. Aber man halte sich zurück und lasse den Draufgänger zu Hause, sonst gelangt man niemals vom Eßzimmer zum Schlafzimmer.

Wenn sie sich zum erstenmal auszieht, möchte sie hören, wie schön sie ist. Krebsfrauen lechzen nach Bewunderung. Ein Kompliment ist für sie ebenso wichtig wie das Vorspiel, und wie bereits gesagt, darf man sie nicht hetzen.

Hat sie ihre Hemmungen einmal abgestreift, liebkost sie gern die Genitalien des Mannes und bedeckt die Innenseite seiner Schenkel mit Küssen und Liebesbissen.

Eine andere Umgebung, die ihr zusagt, ist der Strand bei Mondenschein. Unter den Strahlen des Mondes, beim Lied der Wellen kann sie die letzten Hemmungen abschütteln und eine Seite ihrer Natur enthüllen, die man ihr nie zugetraut hätte – sie wird ein herrliches wildes Weib.

Ihre Berührung ist leicht und behutsam wie ein fallendes Blatt. Sie streichelt gern und läßt sich ebenso gern streicheln. Sie spricht auf Gerüche an, besonders auf Bade- und Körperöle. Sie liebt es, wenn der Mann sie von hinten nimmt. Das entspricht ihrer angeborenen bescheidenen Demut, und sie braucht keine Angst zu haben, beim Orgasmus beobachtet zu werden.

Die Krebsfrau hängt stark von ihren Stimmungen ab, und wenn sie keine Lust auf konventionellen Sex hat, kann sie recht erfinderisch werden. In der Regel aber ist sie nicht von extremer sexueller Abwechslung abhängig. Wenn dem aber so ist, äußert sich das wahrscheinlich als Facette ihres stark ausgeprägten Mutterinstinkts. Sie kann sich beispielsweise der Knabenliebe hingeben oder sich einem Bruder zuwenden. Neigungen zu Inzest sind bei Krebsfrauen nicht selten.

Da viele Krebsfrauen das Vorgehen der Männer allzu grob finden, fühlen sie sich auch häufig zum eigenen Geschlecht hingezogen. In einer lesbischen Verbindung spielen sie die weibliche Rolle. Ebenso häufig wirkt sich die Reaktion auf die «Grobheit» der Männer dahin aus, daß manche Krebsfrauen sich lieber selbst befriedigen. Dabei lassen sie ihrer Phantasie dann freien Lauf.

Der Krebsmann

Man kann in ihm nicht wie in einem offenen Buch lesen, denn er zeigt Fremden eine undurchsichtige Seite. Er trägt sich sogar mit Geheimnissen, die er nie enthüllt, nicht einmal dem engsten Freund.

Er ist ruhelos, neigt zum Brüten, ist ein Idealist und ein sehr sentimentaler Träumer. Da er vom zunehmenden und abnehmenden Mond beherrscht wird, erlebt er gefühlsmäßig wunderbare Höhen und abgründige Tiefen, und er hat die Fähigkeit, andere Menschen in die eine oder andere Richtung mitzuziehen. Bei der ersten Begegnung erscheint er vielleicht aufgeräumt und zum Flirten geneigt, aber das ist nur eine seiner Stimmungen. Bei der nächsten kann er finster und unfreundlich sein. Man weiß nie so recht, woran man bei ihm ist. Selbst wenn man ihn näher kennt, wird man durch seine wechselnden Stimmungen verwirrt. Vielleicht flammt er plötzlich jähzornig auf. Doch wenn man nicht darauf eingeht, entschuldigt er sich zerknirscht.

Er mag an die Frauenbefreiung glauben, aber seine Natur zwingt ihn, sich dem «schwachen Geschlecht» gegenüber als Beschützer zu fühlen. Er ist höflich und galant, ein Charmeur der alten Schule.

Er liebt die Gesellschaft schöner Frauen, besonders wenn sie geistreiche Gesprächspartnerinnen sind. Wer nicht? fragt man da, aber der Unterschied besteht darin, daß auch der Krebsmann auf solche Frauen sehr anziehend wirkt. Doch wenn er sie umworben und erobert hat, wird er bald possessiv. Die Geliebte wird es schwer haben, seinen Erwartungen zu entsprechen, denn er erwartet viel zuviel. Die Lage wird dadurch erschwert, daß der Krebsmann dazu neigt, zu schmollen und sich in seine Schale zurückzuziehen, wenn er enttäuscht ist, anstatt offen zu sagen, was ihm nicht paßt.

Er genießt Speis und Trank, aber man glaube ja nicht, daß er sich dem Anlaß entsprechend anzieht. Um Kleidung kümmert er sich nicht. Er trägt immer noch seinen alten Pullover und die Tennishosen aus seiner Studentenzeit, die ihm um den Bauch herum etwas eng geworden sind. Der Krebsmann hat nichts von einem Pfau.

Er unterhält sich gern und ist oft recht beredsam. Mit Worten kann er andere dazu bringen, ihm überallhin zu folgen und alles zu tun, was er verlangt. Bei Diskussionen kommt ihm sein unglaublich gutes Gedächtnis zustatten. Er hegt feste Ansichten, und alles geht gut, solange man ihm nicht widerspricht. Ist man anderer Meinung, so läßt er nicht locker, bis er den Gegner überzeugt hat. Wenn er an seinen Sieg nicht so recht glaubt, nimmt er die Diskussion bei nächster Gelegenheit wieder auf und bombardiert den andern mit weiteren Argumenten. Die Debatte endet erst, wenn man klein beigibt, sei es auch nur um des lieben Friedens willen.

Er kann aber ebenso gut zuhören. Dann ist er ganz Ohr. Er fühlt zutiefst mit und ist stets bereit, dem andern bei der Lösung eines Problems zu helfen.

Sein scharfer, analytischer Verstand entwirrt den verwikkeltsten Knoten. Er versteht sich auf Geldfragen. Schneller als eine Eidechse die Fliege erspäht er eine Gelegenheit zum Geldverdienen. Aber er interessiert sich nur für die konservative, konventionelle Methode. Auf ein Risiko läßt er sich nicht ein.

Er ist empfindsam, unsicher und sentimental, trennt sich ungern von alten Freunden, alten Gewohnheiten oder einem Ort, der ihm zur vertrauten Umgebung geworden ist. Eine Freundschaft hält bei ihm das ganze Leben lang. Er kommt sogar gern mit seinen ehemaligen Schulkameraden zusammen, auch wenn er mit ihnen nichts mehr gemeinsam hat. Er scheut und fürchtet Veränderungen in seinem Lebensstil. Er hängt an Erinnerungen, stellt überall in der Wohnung Familienbilder auf und bewahrt Andenken. Er grübelt über vergangene Zeiten und klammert sich hartnäckig an die Vergangenheit.

Er braucht ständig die Bestätigung, daß man ihn liebt.

Man suche bei diesem Mann keine leichte Episode. Dazu nimmt er die Liebe viel zu ernst. Er verlangt von der Geliebten geistige und körperliche Anregung in ungefähr gleichem Maße. Da er selbst unbedingt treu ist, verlangt er auch unbedingte Treue. Er glaubt an die immerwährende Liebe von jener Art, die alle Stürme übersteht und nicht zu erschüttern ist. Das ist sein Rezept für den Seelenfrieden.

Er ist kein Springinsfeld. Heim und Herd bieten ihm die größten Freuden. Er findet, daß die Verträglichkeit im Heim beginnt und die Zufriedenheit im eigenen Garten wächst. Aber er neigt zu einer Selbstgefälligkeit, die an Überheblichkeit grenzt und ihn nur den Splitter im Auge des andern sehen läßt, nicht aber den Balken im eigenen.

Der Krebsmann sucht eine langwährende oder dauernde Beziehung zu einer Frau. Wenn es doch zum Bruch kommt, kann er bald eine neue Liebe finden, denn er hat die Fähigkeit, sich schnell anzuschließen. Wer aber sein Herz wirklich gewonnen hat, wird nie vergessen werden, was auch geschehen mag.

Er ist ein kompliziertes Wesen, dessen wechselnde Stimmungen das Leben mit ihm alles andere als leicht machen – auch alles andere als langweilig. Seine beharrliche Zielstrebigkeit ist ein gutes Omen für Erfolg, sein Einfühlungsvermögen und seine Intelligenz prädestinieren ihn zu führenden Rollen in Politik, Literatur und Geschäftsleben.

In Vollmondnächten nehme man sich vor ihm in acht.

Das Sexleben des Krebsmannes

Er braucht fortwährend Ermutigung. Wird sie ihm zuteil, so ist er ein wunderbarer Liebhaber. Er spielt gern die Rolle des Lehrmeisters, und eine Frau handelt klug, wenn sie ihn glauben läßt, er weihe sie in die wahren Geheimnisse des Liebeslebens ein. Er wird sie Schritt für Schritt einführen, ihr erklären, was und warum er es tut, und was sie tun soll. Man unterbreche ihn bloß nicht mit der Bemerkung, das alles schon zu kennen und praktiziert zu haben; er würde sich sofort in seinen Panzer zurückziehen und vielleicht nur noch von all den wundervollen Dingen träumen, die gemeinsam hätten erlebt werden können.

Er ist sowohl geduldig als auch draufgängerisch, und es dürfte nicht leicht sein, eine solche Kombination nochmals zu finden. Vom ersten geflüsterten Vorschlag an weiß er genau, wohin er strebt, auch wenn er einen Umweg einschlägt. Man lasse sich von ihm führen – der Ausflug lohnt sich. Eine Reise ist ja oft ebenso schön wie die Ankunft.

Zu Beginn einer Liebesbeziehung muß alles Derbe und Vulgäre vermieden werden. Er möchte seine Partnerin idealisieren, und jegliches Aus-der-Rolle-fallen – mag es auch im Moment erregend wirken – untergräbt die Aussicht auf eine langdauernde sexuelle Beziehung. Mit der Zeit wird er realistischer und akzeptiert Dinge, die seine konventionelle Natur zuerst schockieren. Aber vor einer plötzlichen Rückkehr zu seiner angeborenen Überempfindlichkeit muß man stets auf der Hut sein. Wenn er gefühllos behandelt wird, flüchtet er sich in sein Schneckenhaus.

Beim Vorspiel geht er ungezwungen und sicher vor, denn es liegt ihm ebensosehr daran, die Frau glücklich zu machen, wie sein eigenes Bedürfnis zu befriedigen. Im Gegensatz zu den Männern, die meinen, sexuelle Verachtung im Bett sei ein Beweis von Männlichkeit, hat der Krebsmann die überaus wichtige Einfühlsamkeit in Stimmungen, die den wahren Liebeskünstler kennzeichnet.

Er beginnt den Liebesakt gern an einem anderen Ort als im Bett. Vielleicht legt er seine Gespielin behutsam auf einen Tisch und geht allmählich vom manuellen Vorspiel zum subtilen Peniskontakt über. Während die Geliebte den Augenblick der Erfüllung herbeisehnt, nimmt er sie plötzlich in die Arme und trägt sie zum Bett.

Er ist ein Experte im Spiel mit der Klitoris. Für diese Technik beim Vorspiel hat er eine besondere Begabung. Er benutzt lieber die Finger als die Zunge, aber seine Fingerspitzen sind geradezu magisch sensibel.

Zu seinen bevorzugten Techniken gehört es, den Penis zwischen den Brüsten seiner Partnerin zu reiben und zwar so nahe an ihrem Mund, daß sie mit der Zunge über die Penisspitze fahren kann. Die Kombination von Brüsten und Zunge steigert seine Lust – und die seiner Partnerin.

Sein außergewöhnliches Gedächtnis kommt dem Krebsmann auch in der Liebe zugute. Er erinnert sich an alles, womit er eine Frau jemals zur Leidenschaft angestachelt hat. Er genießt die Befriedigung zu wissen, daß er sie zu beglükken vermag. Er rettet alle seine Jugenderfahrungen ins Erwachsenendasein hinüber und verfeinert sie dann phantasievoll.

Er liebt Reizwäsche. Wenn er homosexuell veranlagt ist, zieht er sich gern selbst wie eine Frau an, und seine schauspielerischen Talente und die Fähigkeit, die Reaktion anderer Menschen blitzschnell einzuschätzen, lassen ihn seine Rolle perfekt spielen. Homosexuelle, die im Zeichen des Krebses geboren sind, machen die größten Anstrengungen, sich auch physisch in Frauen zu verwandeln und unterziehen sich dafür sogar chirurgischen Eingriffen.

Erogene Zonen

Zu den stärksten Reizen für den Krebsgeborenen gehören innige, tiefe Küsse mit vollem Gebrauch von Zunge und Zähnen. Sie können dadurch sogar zum Orgasmus gelangen.

Der empfindsamste Körperteil sind jedoch die Brüste. Beide, Männer wie Frauen, reagieren auf manuelle und orale

Stimulation der Brustwarzen. Sachtes Streicheln der Brust
erregt bei ihnen sofort sexuelle Begierde. Sie haben es auch
sehr gern, wenn man ihre Brustwarze behutsam zwischen
Daumen und Zeigefinger dreht. Die Berührung ihrer Brust
kurz vor dem Höhepunkt erhöht ihre Lust beträchtlich.

Als Frau sollte man sich diese spezielle Empfindsamkeit
des Krebsmannes zunutze machen. Schon zartestes Finger-
spiel an seiner Brust macht ihn wild!

So fängt es an

Ein geschickter Schachzug: Man frage den Krebsgeborenen
um seinen Rat. Da er Fremden gegenüber mitfühlend und
hilfreich ist, sind seine Ratschläge immer schätzenswert.

Vor der uralten Eröffnung «Kennen wir uns nicht?» ist
dringend abzuraten. Krebse haben ein bemerkenswertes Gedächtnis und erinnern sich an jedes Ereignis, jeden Ort, jedes
Gesicht. Damit kommt man bei ihnen also nicht weit.

Krebse sind leicht ins Gespräch zu ziehen, wenn man die
Rede auf Kinderhilfsorganisationen bringt. Die Krebsfrau
liebt Kinder in einem Maße, daß ihr schon der Vorwurf
gemacht worden ist, sie wolle die ganze Welt bemuttern. Mit
dem Krebsmann als Vater!

Auch mit politischem Interesse kann man sein Glück versuchen.

Kulturelles zieht fast immer. Besonders stark reagieren
Krebse auf Musik. Besonders auf sehr melodische, romantische Musik. Sie bringt ihn in Harmonie mit dem Unendli-
chen. Ein Eßlokal mit leiser Musik im Hintergrund, ein Zi-
geunergeiger mit schluchzender Geige – das läßt den Krebs
schwelgen. Musik ist der Seele Nahrung, heißt es bei Shakespeare. Für den Krebs trifft das gewißlich zu.

Wassersport zieht den Krebs an; er dürfte also für einen Tag am Strand empfänglich sein. Nacktbaden ist er nicht abgeneigt. Kann er dabei doch seinen Körper zeigen und bewundern lassen.

Man möchte der Krebsfrau etwas schenken? Am besten wäre etwas fürs Haus: Bilder, Tapeten, ledergebundene Bücher, auch originelle Haushaltsgeräte. Für ihn eignen sich exotisch verpackte Eßwaren oder ein eleganter Silberrahmen mit seinen Initialen. Krebsgeborene sind gewöhnlich Sammler, und alles, was man ihrer Sammlung hinzufügt, erfreut ihr Herz. Kleine Silbersachen entzücken sie.

Die Familie des Krebses muß sehr gepflegt werden, am meisten die Mutter. Was die Mutter betrifft, sind Krebse sentimental.

Nie, niemals spreche man von früheren Liebesgeschichten. Menschen, die im Leben des andern eine Rolle gespielt haben, bevor er aufgetaucht ist, interessieren den Krebs nicht.

Ein wichtiger Rat: Der Krebsgeborene sieht es gar nicht gern, wenn man ihn als Selbstverständlichkeit betrachtet. Ein neuer Anzug, neue Ohrringe – das alles muß gebührend beachtet werden.

Vor allem aber viel Vorsicht mit der Überempfindlichkeit der Krebsgeborenen.

Allein die Formulierung, die neuen Ohrringe seien wirklich hübsch, bringt sie auf die Vermutung, die vom letzten Mal seien es nicht gewesen. Sagt man, er sehe in dem neuen Anzug viel sportlicher aus, glaubt er, man finde, er habe eigentlich eine mickrige Figur. Wenn derartige Reaktionen auftreten, müssen sie sofort ausgebügelt werden, bevor die Kränkung sich festsetzt.

Eine Verabredung mit dem Krebs abzusagen, weil man sich nicht wohl fühlt – das wäre töricht. Denn gerade da

kann er seinen Beschützertrieb ausleben. Er ist der Kraft-
spender, der Leuchtturm im Nebel, den jeder braucht, der
eine Klippe umschiffen muß. Mit wahrer Begeisterung
bringt er Obst, liest aus einem Buch vor, bedient den Plattenspieler oder ist es zufrieden, Händchen zu halten. Ebenso
willig verabreicht er Medizin und füttert den Bettlägerigen.
Wer noch nie von einem Krebs umsorgt worden ist, der weiß
nicht, wie schön die Zweisamkeit mit ihm sein kann. Es ist
zwar nur eine andere Form seiner Besitzgier, aber man sollte
sich die wenigstens zunutze machen, ohne allzusehr nach
den Gründen zu forschen.

Ende der Affäre

Wer den Krebs loswerden will, steht vor einem Problem. Er
läßt sich nicht so leicht abschütteln. Er klebt wie Kaugummi
an der Schuhsole.

Brüskes, gefühlloses Verhalten schlägt die Krebsfrau zwar
in die Flucht, aber wenn man sie zu fest stößt, stemmt sie
sich störrisch und hält sich fest. Sie schlägt zurück mit Nörgelei, wofür sie eine besondere Begabung hat. Man muß
entschieden subtiler vorgehen. Sie sucht und braucht Zärtlichkeit. Man versage sie ihr. Man lasse sie nicht mehr am
eigenen Leben teilnehmen und bedeute ihr, daß sie sich mit
der Rolle der Dienerin abzufinden habe. Wenn sie darob in
Panik gerät, wird sie eben nicht mehr beruhigt. Man zeige
sich launisch und schwermütig – das hat unmittelbaren Einfluß auf ihre Gefühlsbewegungen.

Dem Krebsmann gegenüber kehre man die Dominierende
heraus, die alles zu bestimmen hat, besonders den Terminka-
lender. Man setze ihm lieblos gekochtes Essen vor und
murre, Haushaltsarbeit sei unerträglich langweilig. Man kri-

tisiere sein Verhalten im Schlafzimmer, seine Liebestechnik. Da er im stillen befürchtet, in dieser Beziehung nicht viel wert zu sein, läßt man ihn deutlich wissen, daß man das auch findet.

Der Krebs braucht Liebe. Man versage sie ihm. Der Krebs braucht seelische Unterstützung. Man sei nicht abkömmlich oder habe zuviel zu tun. Der Krebs gibt gern Ratschläge. Man höre sie sich nicht an. Der Krebs liebt altmodische, elegante Lokale. Man schleppe ihn in die kommerziellsten Plastik-Bumslokale, die man finden kann.

Vor allem bekrittele und kritisiere man ihn. Alle Krebse leiden an einem Minderwertigkeitsgefühl, und mit Kritik macht man sich ihre Schwächen zunutze. Am unerträglichsten findet er spitze Bemerkungen über seine Mutter.

Wer mit wem, wie und warum

Krebs und Widder

Der Widder ist ein etwas abenteuerlustiger Liebhaber für den Krebs, der zum Konventionellen neigt. Eine starke sexuelle Anziehung existiert jedoch anfänglich. Mit der Zeit fordert der Widder die trauerbeladene Eifersucht des Krebses heraus, der durch die scharfe Zunge des Widders allzu leicht verletzt wird. Der Widder seinerseits fühlt sich durch die Beschlagnahme des Krebses belastet. Ein schwieriges Verhältnis; eine Ehe steuert dem Schiffbruch zu.

Krebs und Stier

Der Krebs bringt zu dieser Vereinigung Sensibilität und Phantasie mit. Beide sind leidenschaftlich und brauchen zur Zufriedenheit keine äußerlichen Interessen. Der Stier vermag die schwankenden Stimmungen des Krebses zu verstehen und wird ihm in Zwangslagen helfen. Wenn der Stier aufmerksam ist, wird der Krebs auf gleiche Weise reagieren. Gegenseitige Rücksichtnahme auf die Bedürfnisse des andern verheißt nicht nur ein schönes Verhältnis, sondern auch eine gute Ehe.

Krebs und Zwillinge

Die innere Unsicherheit des Krebses wird durch den unbeständigen, gefallsüchtigen, Zerstreuung liebenden Zwillingsgeborenen verschlimmert. Die ziellose sexuelle Energie der Zwillinge bringt dem Krebs Probleme und läßt Schwierigkeiten und Frustration entstehen. Der Krebs wird ziemlich eifersüchtig sein und den Tatendrang der Zwillinge beschneiden wollen, was sie ihm übelnehmen. Eine höchst emotionelle Affäre; eine länger dauernde Beziehung wird wegen der grundlegenden Charakterunterschiede in die Brüche gehen.

Krebs und Krebs

Sie sind einander zu ähnlich, um miteinander glücklich zu sein. Auf beiden Seiten herrscht Übersensibilität, die Gefühlsprobleme entstehen läßt. Beide wollen auf sexuellem Gebiet führen, was Vorwürfe und Streitigkeiten hervorruft.

Doch da sie sich körperlich zueinander hingezogen fühlen, kann eine Beziehung anfangs recht sinnlich sein. Aber eine Ehe würde doch mehr gegenseitiges Mitfühlen und Verstehen erfordern, um Bestand zu haben.

Krebs und Löwe

Der Löwe vermag die wechselnden Stimmungen des Krebses zu stabilisieren. Er ist in seinen Liebesbeweisen großzügig, und das verleiht dem schwankenden Krebs Sicherheit. Andererseits fordert der Löwe ein gut Teil Schmeichelei und Bewunderung – besonders für seine sexuelle Potenz – und muß dominieren. Wenn der Krebs nachgibt und dem Löwen gibt, was er braucht, kann diese Verbindung zu einem leidenschaftlichen Verhältnis und einer geradezu triumphalen Ehe führen.

Krebs und Jungfrau

Das praktische, angenehme Wesen der Jungfrau bildet eine gesunde Basis für diese Beziehung. Der Krebs ist gefühlsbetonter als die zurückhaltende Jungfrau, aber sie können ein herzliches und warmes Gefühl füreinander entwickeln. In sexueller Hinsicht kommen sie ganz gut aus, wenn sie auch nicht den Himmel auf Erden erleben. Das Problem besteht darin, daß beide scheu und in sich gekehrt sind und sich bemühen müssen, Langeweile zu vermeiden. Ein gutes Verhältnis und wahrscheinlich eine bequeme, angenehme Ehe.

Krebs und Waage

Der Waage fällt es schwer, mit dem brütenden Charakter des Krebses zu sympathisieren. Andererseits wird der Krebs durch die Distanziertheit der Waage ängstlich und unsicher. An sich fühlt sich die Waage durch die wechselnden Stimmungen des Krebses sogar angezogen, möchte aber Unliebsamkeiten aus dem Wege gehen. Wenn sich der liebebedürftige Krebs vor den Kopf gestoßen oder gekränkt fühlt, kommt es zu Schwierigkeiten. Dann wird die Waage etwas anderes zu suchen beginnen, und das Ende ist nahe. Ein Verhältnis ist möglich, eine Ehe riskant.

Krebs und Skorpion

Stärke, Herrschsucht und Führernatur des Skorpions sind genau das, was der Krebs sucht. In sexueller Hinsicht ist der Krebs sensibler, der Skorpion leidenschaftlicher. Aber das Verlangen des Krebses, gefällig zu sein, hilft größere Probleme auf diesem Gebiet vermeiden. Die heftige Eifersucht des Skorpions wird nicht geweckt, da der Krebs seinem Gefährten treu ist. Die Liebe wird sich vertiefen und von einem schönen Verhältnis zu einer sehr guten Ehe führen.

Krebs und Schütze

Diese beiden haben entgegengesetzte Ziele und völlig verschiedene Wünsche. Der Schütze ist ein Stromer und läßt sich sexuell nicht fesseln. Der Krebs braucht in der Liebe die Geborgenheit, die der Schütze nicht zu geben vermag. Der Krebs lebt für die Zukunft, der Schütze fürs Hier und Jetzt.

Wenn sich der Schütze langweilt, sehnt er sich nach neuen Horizonten, wodurch der Krebs verletzt und erbittert wird. Trübe Aussichten für eine Verbindung, die funktionieren soll.

Krebs und Steinbock

Der Steinbock kann nicht all die Liebe aufbringen, die der Krebs fordert, denn er hat noch zu viele andere Interessen. Jedoch besteht zwischen diesen beiden Zeichen eine starke sexuelle Anziehung. Sie werden eine fesselnde Bettbeziehung haben, bis die Nüchternheit und Zurückhaltung des Steinbocks vom Krebs als Zurückweisung empfunden werden. Ein Verhältnis wird von Unstabilität gekennzeichnet sein, und eine Ehe ist nicht sehr verheißungsvoll.

Krebs und Wassermann

Der einzelgängerische Wassermann versetzt dem verletzbaren Ich des Krebses allzu viele Wunden. Der Krebs ist überschwenglicher und treuer als der abenteuerlustige Wassermann, der stets bereit ist, Sirenenrufen zu folgen. Die seelischen Bedürfnisse des Krebses werden nicht befriedigt, weil der Wassermann dazu neigt, Gefühlsanforderungen aus dem Wege zu gehen. Die beiden können im Schlafzimmer eine Zeitlang gut miteinander auskommen, aber im Wohnzimmer geht die Partnerschaft in die Brüche.

Krebs und Fische

In sexueller Hinsicht passen beide gut zusammen. Beide sind
sehr liebebedürftig und einfühlsam, und jeder braucht und
erhält Bestätigung durch den andern. Der Krebs wird wahrscheinlich die Führung übernehmen, denn die Fischegeborenen sind im Bett oft übersubtil und exzentrisch. Zerwürf-
nisse werden nie lange dauern, die Versöhnung findet bald
im Schlafzimmer statt. Ein gut zusammenpassendes Paar,
das wundervolle Tage – und Nächte – erleben kann, sowohl
in einer kurzen, wie in einer langandauernden Beziehung.

Löwe

23. Juli – 22. August

Die Löwefrau

Sie stellt sich ständig zur Schau – ein wunderschönes Juwel in einem Schaufenster, vor dem die Vorüberkommenden stehenbleiben, um es zu bewundern. Bei einem gesellschaftlichen Anlaß ist sie das glitzerndste weibliche Ornament. Selbst wenn sie zeitweilig in der Kulisse steht, fühlt sie sich als Star der Vorstellung, der aufs Stichwort wartet, das ihn mitten auf die Bühne vor ein bewunderndes Publikum ruft.

Für sie ist nichts wichtiger, als von Männern verehrt und begehrt zu werden. Ihre eigenen Gefühle werden dabei nicht immer berührt. In gewissem Sinne bietet sie Sex zum Verkauf an, dessen Bezahlung nur in der Befriedigung besteht, zu wissen, wie hoch sie im Kurs steht.

Sie muß ihrem Gefährten nicht nur viel bedeuten, sie muß für ihn die Einzige und Alleinige sein. Für sie selbst gilt diese Einschränkung allerdings nicht. Sie wünscht die Freiheit, umherzustreifen und auf Beute auszugehen. Gewöhnlich braucht sie nicht weit zu suchen. Die Beute ist nur allzu willig. Löwefrauen sind die beliebtesten Jägerinnen im Revier.

Sie liebt Menschen, ist aber egozentrisch. Sie dominiert, aber mit Würde, ist eitel, aber gutherzig – ein widerspruchsvolles Geschöpf, das die Probleme anderer nur in Relation zu sich selbst sieht.

Sie ist ungestüm, unberechenbar, verführerisch. Ihre Gefühle sind oft oberflächlich, nur in seltenen Fällen tief. Sie verliebt sich häufig, ist aber nur ausnahmsweise fähig zu lieben. Es fehlt ihr die Fähigkeit der Hingabe, sie kann sich einem andern nicht unterwerfen.

Gestaltet sich ein Verhältnis zu bequem und sorgenfrei, wird sie leicht faul und bemüht sich in ihrer Trägheit kaum mehr um Aktivitäten im Schlafzimmer. Infolgedessen brennt das Feuer, das sie im Liebhaber entzündet hat, oft aus. Und ohne die notwendige Anfachung durch seine Bewunderung versanden ihre eigenen sexuellen Begierden langsam.

Um ihre besten Seiten zu entfalten, braucht sie Abwechslung, aber ihr im Grunde indolentes Wesen erschwert die Abwechslung. So entsteht oft ein Stau, in dem sie einfach steckenbleibt.

Sie kann denen, die sie lieben, treu sein; doch wenn deren Liebe nachläßt, fühlt sie sich ermächtigt, umherzustreifen. Man kann sie oft in einem Dreiecksverhältnis finden – mit zwei Männern. Indem sie den einen gegen den anderen ausspielt, herrscht sie als Königin.

Sie ist nur glücklich, wenn sie im Mittelpunkt der Aufmerksamkeit steht.

Wenn Menschen ihren Erwartungen nicht entsprechen, sucht sie die Schuld nie bei sich selbst. Erleidet sie einen seelischen Rückschlag, so dramatisiert sie gern und spielt die tragische Heldin. Sie erstrebt Effekt, nicht den Ausdruck echter Gefühle. In Wirklichkeit sind die meisten «Tragödien», die ihr zustoßen, von ihr selbst verursacht worden.

Sie glaubt, allzu idealistisch zu sein und darum enttäuscht zu werden. In Wahrheit neigt sie dazu, den «Falschen» zu lieben oder den Richtigen durch ihr unkluges und überforderndes Verhalten im Bett abzuschrecken.

Sie hat eine große Begabung, sich selbst unglücklich zu machen.

In Geldsachen neigt sie zum Leichtsinn. Sie gibt gern Geld aus – hauptsächlich für sich selbst. Als ein Geschöpf, das Luxus liebt, bevorzugt sie einen Gefährten, der die Mittel dafür hat, sie zufrieden schnurren zu lassen. Genußsucht ist ein bezeichnender Charakterzug. Sie ist regelmäßige Kundin beim Friseur, kauft eifrig auffallende Kleider, liebt Schmuck und Pelze. Eine ihrer Lieblingsbeschäftigungen besteht darin, ihre Wohnung zu schmücken und umzugestalten, wobei sie mit Rot verschwenderisch umgeht. Sie macht kostspielige Geschenke und gibt extravagante Einladungen. Sie ist eine großzügige Gastgeberin, die keine Kosten scheut, ihre Gäste zu unterhalten, schätzt es aber gar nicht, von einem Besucher überrascht zu werden. Wie kann ein Mensch es wagen, uneingeladen bei ihr zu erscheinen?

Andere Frauen beneiden sie, weil sie den Männern sofort ins Auge fällt. Sie zieht Männer mühelos an, vielleicht weil sie es für ihr gutes Recht hält, daß sie ihr zu Füßen liegen. Das Lächeln, das sie einem Manne schenkt, kann jedoch Täuschung sein; es bedeutet nicht unbedingt, daß er ihr Eindruck macht. Sie hat das unersättliche, unheilbare Bedürfnis, bewundert zu werden, und sie wird mit jedem flirten, um das zu erreichen.

Ihr Begleiter darf sie keinen Augenblick im Zweifel lassen, daß *sie* die Sonne an *seinem* Himmel ist. Sonst wird es unerträglich. Unfair? Natürlich. Aber so ist es nun einmal, und der Mann, der sie begehrt, muß sich mit dieser kleinen Eigenart abfinden. Sie hat einen gesunden Sinn für Humor, und wenn man ihr etwas klarmachen will, bringt man sie am besten zum Lachen. Sie kann laut herauslachen, und wenn sie selbst die Rolle des Spaßmachers übernimmt, ist sie ein entzückender Clown. Sie hat enorm Sinn für Pointen.

Steht ihr Zeichen in gutem Aspekt zu anderen, so kann sie ausgesprochen schöpferisch sein. Auf intellektuellem Gebiet ist sie kühn, einfallsreich und abenteuerlustig. Im Beruf zeichnet sie sich aus, obwohl es manchmal schwierig ist, mit ihr zusammenzuarbeiten, weil sie darauf besteht, daß die andern sich so verhalten, wie sie es erwartet. Sie ist begabt, hat dafür aber oft merkwürdig wenig vorzuweisen.

Jegliche Routine langweilt sie. Sie wird einiges dafür tun, der Eintönigkeit aus dem Weg zu gehen. Die Ferne lockt sie.

Sie sehnt sich nach den romantischen Orten auf den Plakaten der Reisebüros, und wenn sie reisen kann, genießt sie besonders die Vorfreude.

Bei allem, was sie tut, lehnt sie Kritik ab. Sie übt auch keine Selbstkritik. Für ihre Umwelt ist sie nicht immer einfach zu ertragen.

Das Sexleben der Löwefrau

Man darf von ihr nicht erwarten, daß sie dem Mann auf halbem Weg entgegenkommt. Da sie überzeugt ist, daß sich jeder Mann glücklich schätzen muß, sie zu besitzen, sieht sie keinen Grund, ihn zu sich zu locken.

Die Löwefrau treibt gern das, was sie als unschuldige Liebelei betrachtet. Sie lechzt nicht nach einem Mann, denn sie ist zu selbstzufrieden, um sexuell aggressiv zu sein. Ihr Ziel ist einfach, bewundert zu werden.

Sie verhält sich lasziv verführerisch – und träge. Sie scheint sich instinktiv bewußt zu sein, wie stark die Männer auf sie reagieren. Ein Wink mit dem Finger, und sie beeilen sich, ihrem Befehl zu gehorchen. Es ist tatsächlich ein Befehl, keine Aufforderung, denn sie kann sich nicht vorstellen, daß irgendein Mann sich unterstehen würde, ihn nicht zu befolgen.

Wenn ein Liebhaber sie enttäuscht, maßregelt sie ihn nicht und macht keinen Versuch, ihn umzumodeln. Ihre stumme Verachtung ist eine viel tödlichere Waffe. Worte sind nicht erforderlich, um königliche Mißbilligung auszudrücken. Manch ein Mann wird durch die Verachtung der Löwefrau gelähmt, und nur wenige finden den Mut zu einer Wiederholung. Sie raffen die Fetzen ihres Ichs zusammen und schleichen beschämt ab.

Selten ist sie launisch, auch in verliebtem Zustand nicht. Sie ist im Grunde optimistisch und fröhlich, und Selbstanalyse ist nichts für sie. Sie quält sich nicht mit ihren Begierden ab. Warum auch? Was ein Löwe haben will, das bekommt er.

Wenn ihr ein Mann etwas bedeutet, dann kann er auch erwarten, königlich behandelt zu werden – wie es einem Prinzgemahl gebührt. In ihrem Heim schafft sie eine Atmosphäre von Glanz und Schönheit, in der sie großzügig Gäste bewirtet. Obwohl sie sich auffallend kleidet, tut sie das nicht, um verführerisch zu wirken, sondern um ihren Geliebten zu manipulieren – und das ist ein großer Unterschied. Wenn der Augenblick gekommen ist, sich zu enthüllen, vollzieht sich eine langsame, wollüstige Entschleierung – weniger zu seinem Vergnügen als zu ihrem eigenen, das sie bei seiner sprachlosen Bewunderung empfindet. Wehe dem Liebhaber, der das mißversteht und sie allzu schnell oder gewaltsam zu nehmen sucht. Dann zeigt die Löwin ihre Krallen! Sie empfindet keinerlei Bedürfnis, im Schlafzimmer originell oder schöpferisch zu sein. Genau wie der Löwemann ist sie für den konventionellen, geraden Weg. Ihr scheint das alles ganz einfach und richtig zu sein. Wozu die Lilie vergolden?

Doch wenn ihre Leidenschaft geweckt ist, wird sie eine stark reagierende Sexpartnerin, und es gibt viele Bettgenossen, deren Narben es beweisen. Dann erwartet sie, für ihre sexuelle Darbietung gelobt zu werden. Sie weiß, daß sie ein gesundes, wollüstiges Geschöpf ist – die Königin der Urwaldkatzen.

Beim Liebesakt versucht sie zu herrschen, begnügt sich dann aber gewöhnlich mit gleichberechtigter Partnerschaft. Beim Vorspiel genießt sie es, wenn ihr Gesicht, Ohren und Hals behutsam geleckt werden. Sie hat es auch gern, wenn der Mann seine Zunge über die Innenseite ihrer Schenkel gleiten läßt. Ihre Lieblingsmethode ist es, den Partner den halben Weg zurücklegen zu lassen, um sich dann rhythmisch seinen Stößen anzupassen. Das Licht soll brennen, damit der Geliebte ihren Körper sehen und sich dazu äußern kann. Ihr zwangshaftes Bedürfnis, sich zur Schau zu stellen, führt dazu, daß sie gerne die sitzende Position auf dem Mann einnimmt, damit er auch jetzt noch die Schönheit ihres Körpers bewundern kann. In dieser Stellung lehnt sie sich dann gern vorwärts, und erlaubt dem Partner, mit dem Mund so viel von ihren Brüsten zu erhaschen, wie er nur kann.

Die Bewunderung des Partners ist für sie ein wesentlicher Teil beim Sex. Sie wählt Büstenhalter und Höschen sorgfältig aus, um sicher zu sein, daß sie möglichst herausfordernd wirkt, wenn sie sich entkleidet.

Ihre selbstverständliche und positive Einstellung zum Sex bedeutet für Partner, die ihrer Männlichkeit nicht sicher sind, eine Beruhigung. Sie ist so überzeugt, daß alles gut gehen wird, daß es gewöhnlich der Fall ist. Warum auch nicht? Der Glückspilz darf *sie* ja haben!

Ihre Herrschsucht kann allerdings extreme Formen annehmen.

Weil es die Löwefrau verärgert, in einer Männerwelt zu leben, übernimmt sie oft beim Sex die Rolle des Mannes. Das kann so weit gehen, daß sie mit künstlichen Hilfsmitteln mal in den Mann eindringt.

Die Löwefrau genießt es, wenn der Mann die Zunge in sie hineinsteckt. Sie bestimmt dann das Tempo, bis sie den Orgasmus erreicht. Für sie ist diese Form des Liebesspiels die Ehrung einer Königin.

Ihre Herrschsucht zieht sie oft zu Knaben hin, die ihr willig die verlangte blinde Verehrung entgegenbringen. Dafür führt sie sie in die Wunder der Sexwelt ein und macht sie buchstäblich zu Gefangenen der Liebe.

Der Löwemann

Der Löwemann wünscht beachtet zu werden, wo immer er geht und steht. Er wirkt auf Frauen sehr anziehend, und das weiß er. Betritt er einen Raum, so wenden sich ihm die Blicke der Frauen zu, und die Männer betrachten ihn mit Neid.

Er bewundert schöne Frauen, mag aber nicht, wenn sie laut reden oder sich auffallend kleiden. Seine Begleiterin muß sich immer züchtig benehmen. Er selbst will im Mittelpunkt der Aufmerksamkeit stehen!

Er hält sich gern im Freien auf, besonders bei Tag, wenn die Sonne, seine Gebieterin, scheint. Und er liebt sportlichen Wettbewerb, bei dem er sich auszeichnet. Man könnte meinen, er würde die unvermeidliche Niederlage fürchten, die jeder irgendwann einmal erlebt. Aber der Löwe weiß sogar die Niederlage in einen Sieg zu verwandeln. Das ist sein großer Auftritt! Dem glücklichen Sieger gegenüber erweist er sich mit königlicher Haltung als ein Mensch, der über allem steht. So großartig macht er das, daß manche Zuschauer ihn in der Verwirrung für den Sieger halten! Jedenfalls werden sie genau wie er glauben, nur ein unglücklicher Zufall habe ihn um den Triumph gebracht, der seinen überlegenen Talenten eigentlich gebührte.

Der Löwemann ist ausgesprochen extrovertiert. Er lacht gern. Er ist kein Großmaul oder Bluffer, doch gelegentlich kann er ein Tyrann sein. Er schwelgt in Luxus und findet das Beste nicht zu gut für sich. Damit klappt es gewöhnlich, denn was ihm gehört, *ist* in seinen Augen das Beste. Darüber läßt er nicht mit sich streiten.

Halbe Maßnahmen sind nichts für ihn. Wenn er in den Kampf zieht, wird es wahrscheinlich eine glorreiche Schlacht werden. Wenn es ums Verlieben geht, müssen die Funken sprühen – oder noch besser, ein Freudenfeuer daraus werden.

Er spielt mit dem Leben, mit der Liebe, mit dem Geld. Er findet es nicht leichtsinnig, auf ein Hasardspiel einzugehen, denn er fühlt, es sei einfach sein Schicksal zu gewinnen.

Männer mögen ihn, weil er sich nicht lumpen läßt. Frauen mögen ihn, weil er überlegen, feurig, intensiv ist.

Er hat eine offene Hand und ist ein wertvoller Freund. Wenn Not am Mann ist, nimmt er große Risiken und Gefahren auf sich, um die Sicherheit der Menschen, die er liebt, zu gewährleisten.

Gewöhnlich ist er beliebt. Auch diejenigen, die es auf die Dauer hart finden, mit seinem Ego zu leben, haben nichts Persönliches gegen ihn. Sie haben ihn gern – aus sicherer Entfernung.

Anfangs mag man von seiner alles überwuchernden Selbstsicherheit vor den Kopf gestoßen werden. Aber der Einfühlsame spürt, daß der Löwemann seltsam verwundbar ist. Er braucht Menschen, die seine hohe Meinung von sich selbst teilen, und er strengt sich gewaltig an, sie für sich zu gewinnen.

Man kann nie fehlgehen, wenn man ihm schmeichelt, denn was man ihm auch sagt, nichts kann seine eigene hohe Meinung von sich selbst übertreffen. Das ist seine Achillesferse, denn ein Redegewandter kann so seine Entscheidungen beeinflussen. Er ist leicht zu überreden, zu einer Lohnerhöhung, einer Anleihe, einem Gefallen, sogar zu einer Heirat.

Ständig verliebt und entliebt er sich. Liebesgeschichten sind sein Lebenselement. Er ist nur glücklich, wenn er ein reizvolles weibliches Wesen, das ihn bewundert, ausführen kann. Früher oder später wird er eine Frau finden, ohne deren Bewunderung er nicht leben kann – und sie heiraten.

Unter den Löwemännern gibt es nicht viele Junggesellen, aber ach, ihre Frauenkenntnis läßt oft zu wünschen übrig. Obwohl er königliche Verachtung über Frauen mit lockerem Lebenswandel verhängt, wird er leicht das Opfer gerade dieses Typs. Sie wissen seine Riesenschwäche auszunutzen – die Eitelkeit.

In der Arbeit ist er oft nachlässig, aber das kann er gut vertuschen. Hastig und impulsiv Erledigtes tarnt er mit dekorativem Anstrich. Wenn das nicht möglich ist, entschuldigt er sich, es fehle ihm die Geduld für Kleinkram, und läßt durchblicken, daß sich Geringere mit derartigem Zeug abgeben sollen. Irgendwie gelingt es ihm, alles immer so hinzustellen, als ob andere daran Schuld wären. Das kann Mitarbeiter mit der Zeit zur Verzweiflung bringen, aber der Löwe kümmert sich nicht allzusehr um die Gemütsverfassung anderer Leute.

Obwohl er schöpferisch sein kann, fehlt es ihm gewöhnlich an Tiefe und Bedeutung. Er ist ein Mann des Schaugeschäfts, ein Produzent, der immer die blendende oberflächliche Wirkung sucht. Das genügt, ihn zu befriedigen.

Er wird zornig, wenn es nicht nach seinem Kopf geht, und er duldet keinen Widerspruch.

Ist etwas schiefgelaufen, so wird er mürrisch. Man muß sehr vorsichtig sein, ihn nicht zu provozieren, wenn er in dieser Stimmung ist. Aber lange hält die Depression bei ihm nicht an. Es warten auf ihn so viele Gelegenheiten, sich als königlicher Eroberer zu beweisen!

Der Löwemann ist eifersüchtig. Er thront zwar auf dem Gipfel, befürchtet jedoch, hinabgezogen zu werden ins Tal des Wettbewerbs mit geringeren Sterblichen.

Die Frau, die einen Löwen zum Liebhaber oder Ehemann hat, sollte sich davor hüten, ihn eifersüchtig zu machen. Er kann sehr heftig reagieren.

Das Sexleben des Löwemannes

Er braucht Frauen, wie er Nahrung und Wasser braucht.

Er stellt sich auf eine neue Beziehung ein, als wäre es ein Heldendrama, ein unvergeßliches Erlebnis, eine Gelegenheit, seine Meisterschaft zu beweisen.

Er ist eine starke sexuelle Persönlichkeit. Über Konventionen und Regeln setzt er sich majestätisch hinweg.

Eine Frau, die mit einem Löwen in Beziehung tritt, muß sich einen Ratschlag merken: Nie, niemals ihn an der Nase herumführen. Was man ihm versprochen hat, sollte man halten. Der Löwemann liebt keine Tändeleien. Wer nicht gewillt ist, ihm bis ans Ende zu folgen, lasse sich erst gar nicht mit ihm ein. Er glaubt, die Frau müsse immer für ihn da sein, weil er selbst immer bereit ist.

Andrerseits kann dieser ungemein selbstsichere Mann durch den Anschein von Geheimnis und Zurückhaltung betört werden. Er meint, die meisten Frauen seien so versessen darauf, seine Gunst zu erringen, daß sie sich kaum zurückhalten können. Diejenige, die ihn fühlen läßt, er müsse sich ihretwegen anstrengen, wird am ehesten bei ihm Erfolg haben.

Als Liebhaber huldigt er dem Sprichwort «Dem Mutigen gehört die Welt». Zweifel an sich selbst, Schüchternheit, vorsichtige Annäherung gibt es bei ihm nicht. Nichts mit zeitraubendem Herumfummeln! Mit einer einzigen, umfassenden männlichen Bewegung reißt er die Beute in seine Arme und in sein Bett.

Manchmal schadet er sich damit selbst. Seine Partnerin erhält den Eindruck, er sei darauf aus, die sexuelle Olympiade zu gewinnen, und hegt Zweifel, ihm gewachsen zu sein. Die Sache wird dadurch, daß er mit dem Vorspiel wenig Zeit verliert, nicht besser. Der Löwemann interessiert sich nur für seine eigenen sexuellen Bedürfnisse. Da erwartet er von der Frau ein Lob für seine Technik. Das ist für ihn die angenehme Nachglut des sexuellen Erlebnisses.

Seine Ausdauer ist bemerkenswert, und er hat großen Appetit aufs Liebemachen. Das heißt jedoch nicht, daß er mehr als einmal am Tag will – wer braucht denn ein da capo, wenn der König sich betätigt hat? Er tritt vielleicht nur einmal auf, das aber mit Gusto.

Die Frau muß sich anpassen, um seinen herrischen Forderungen zu begegnen. Sie darf nicht schweigsam und zimperlich sein. Das mag hinhauen, wenn man ihn auf sich aufmerksam machen will; aber wenn es soweit ist, behagt dem Löwemann eine Frau, die zeigt, daß sie es genießt. Wenn sie unbeherrscht stöhnt, schreit und vor Wonne atemlos wird, sagt sie ihm damit, daß er der allmächtige Meister ist.

Einem Löwen darf man sich nie versagen, sonst zieht er einfach in andere Jagdgründe. Wenn er nicht durch Liebesbande gekettet ist, behandelt er alle Frauen mit majestätischer Unparteilichkeit. Seines Erachtens sind sie samt und sonders nichts anderes als offene Flaschen, in die ein Kork gehört.

Er schätzt unterwürfige Frauen und findet die Mann-oben-Frau-unten-Position absolut angemessen. Sie hat ihm buchstäblich zu unterliegen. Er kennt seine Potenz und sieht keinen Grund, sie mit Variationen zu verzieren oder in andere Kanäle abzulenken.

Eine Frau in «hilfloser» Lage stachelt ihn an. Daher gefällt ihm besonders, wenn die Frau vor dem Bett kniet, er kniet dahinter, dringt in sie ein, umfaßt ihre Hüften und steht langsam auf. Auf diese Weise benutzt sie nur ihre Scheidenmuskeln, während er die andern Bewegungen bestimmt, auch die ihrer Hüften.

Oraler Sex ist für ihn nur annehmbar, wenn er der empfangende Teil ist. Für ihn vereint Fellatio sinnliches Vergnügen mit dem Zollen der Bewunderung, die seiner männlichen Eitelkeit schmeichelt. Cunnilingus hingegen ist nicht seine Sache. Noch irgendwelche andere ausgefallene Variationen. Die Normalstellung ist ihm gerade recht, und er wird sich höchstens im Bett umdrehen, damit er mit den Füßen am Kopfteil besseren Halt findet.

Seine natürliche Fähigkeit zum Liebhaber verkehrt sich in Perversität, wenn die Frau seiner Ichbezogenheit nicht Genüge tut. Dann nimmt er zu etwas merkwürdigen Formen der Selbstverherrlichung Zuflucht, indem er etwa den eigenen Penis mit schmückendem Beiwerk versieht oder in endlose Selbstpreisungen verfällt. Da hilft nur, ihn kräftig mit Komplimenten zu traktieren. Wie jeder Löwe will er eben königlich bewundert werden.

Er ist sehr stolz auf die Größe seiner Geschlechtsorgane und kann sogar elektrische Geräte benutzen, um den Penis zu vergrößern und der Partnerin vor dem Verkehr Eindruck zu machen. Exhibitionisten sind oft unter dem Zeichen des Löwen geboren.

Wenn ihm die sexuelle Bewunderung, die er so nötig braucht, längere Zeit nicht zuteil wird, wird er von dem Problem besessen. Er kann an nichts anderes mehr denken. Er wird Freunde, Familie und Beruf vernachlässigen und schließlich Erleichterung in einem gehobeneren Bordell suchen, wo die Mädchen sich darauf verstehen, seiner Besessenheit Genüge zu tun.

Erogene Zonen

Gesetzt den Fall, der Löwe befindet sich in der ihm angemessenen königlichen Umgebung. Wo soll der Anfang gemacht werden?

Man könnte im Bad beginnen. Man reibt ihm mit einem Luffaschwamm den Rücken, bis sich die Haut rötet. Der Rücken ist bei ihm ein besonders empfindlicher Körperteil. Die Bewegungen führen von oben nach unten, behutsam, und man verweilt ein wenig im Kreuz. Der Löwe wird schnurren und den Partner wahrscheinlich in die Badewanne einladen.

Dem Löwemann fährt man beim Liebesakt mit den Fingernägeln leicht über den Rücken. Das regt ihn zu größerer Anstrengung und zu meisterhafter Leistung an.

Der Löwefrau fährt man mit den Fransen eines Schals von den Schultern bis zum Kreuz hinab. Dieselbe Behandlung mit einer ganz weichen Bürste hat den gleichen Erfolg. Dem empfindsamen Kreuz ist dabei besondere Beachtung zu schenken. So wird sie zur leidenschaftlichen Löwin werden.

Nützlicher Wink: Beim Vorspiel mit einer Löwefrau erkennt man die sexuelle Erregung an der Hautrötung, die am Bauch beginnt und sich allmählich über Brüste und Hals ausbreitet. Die Intensität der Rötung steht in direktem Verhältnis zum Grad ihrer Erregung.

So fängt es an

Bei seinem Auftritt zielt der Löwe darauf ab, jeden andern Menschen im Raum in den Schatten zu stellen. Man sollte also gebührend beeindruckt sein. Der Löwe braucht Scheinwerferlicht, damit seine Einzigartigkeit und Überlegenheit erkannt wird. Man sollte ihm also jegliche Möglichkeit geben zu glänzen. Man lasse ihn wissen, daß man so jemand wie ihn noch nie kennengelernt hat.

Schmeichelei ist ein Muß, viel Schmeichelei. Der Löwe hat einen unersättlichen Appetit auf Beifall.

Niemals verdränge man ihn von der Mitte der Bühne. Er muß genügend Raum haben, seinen königlichen Glanz zu entfalten. Unterwürfigkeit ist geboten. Es nützt, wenn man ihn spüren läßt, daß man von ihm abhängig ist, daß die eigene Glückseligkeit, ja das Leben selbst in seiner königlichen Hand liegt. Vorsicht vor Übertreibung? Beim Löwen nicht. Vielleicht bei jedem andern, beim Löwen nie. Er nimmt es als Bestätigung einer schlichten Tatsache hin.

Wenn man sich bei derartigem Benehmen lächerlich vorkommt, kann man es verfeinern, aber ganz darauf verzichten darf man nicht. Der Löwe kann ohne das nicht leben.

Wenn sich ein Streit ergibt, bei dem man unbedingt im Recht ist und nicht klein beigeben kann, gibt es einen möglichen Ausweg! Man appelliere an seinen Humor. Der Löwe lacht wirklich gern. Aber nie auf eigene Kosten.

Löwen lieben Kunst, Theater und Literatur, und sie sind gern dort, wo etwas los ist. Eröffnung einer Ausstellung, Premiere im Kino oder im Theater, ein literarischer Vortrag – da sind sie jederzeit dafür zu haben.

Bei gemeinsamen Unternehmungen darf man sich nicht knausrig zeigen. Wenn man um eine Löwefrau wirbt, sollte man nicht auf die Brieftasche schauen. Sie bewundert Extravaganz und findet, daß das Beste kaum gut genug für sie sei. Man hole sie ja nicht in einem zerbeulten Volkswagen ab. Sie zieht schnittige Autos vor. Ja, sie hat eine Schwäche für Luxus, für prahlerisches Zurschaustellen und hegt tief im Innern die Überzeugung, ihr Platz sei bei den oberen Zehntausend. Will man ihr etwas schenken, so sollte es ins Auge fallend sein. Am besten etwas, das sich für einen dramatischen Auftritt eignet. Ihr Lieblingsstein ist der Rubin.

Die Frau, die einen Löwemann umgarnen möchte, lädt ihn am besten als Ehrengast auf eine Party, auf der er der attraktive Star des Abends sein kann. Wenn man sich das nicht leisten kann, nimmt man ihn zu einem Besuch bei Freunden mit, wo er umworben und gepriesen wird. In jedem Fall bringe man das Gespräch auf ihn und seine Leistungen. Das ist alles, was der Löwe wirklich verlangt, und das kostet nicht viel. Außer vielleicht Nerven!

Der große Augenblick sollte im Schlafzimmer des Löwegeborenen stattfinden. Das gebührt einem König oder einer Königin. Läßt sich das nicht machen, sollte man es mit dem besten Zimmer im besten Hotel versuchen. Je prunkvoller, desto besser. Der Löwe braucht zu seiner Entfaltung die ihm gemäße Umgebung. Das zahlt sich dann aber auch aus.

Ende der Affäre

Wie das Verhältnis abbrechen? Kein Problem. Wer bis hierher aufmerksam gelesen hat, dürfte es bereits wissen. Trotzdem hier einige Tips:

Man rede nur von sich selbst und monopolisiere die Unterhaltung.

Man widerspreche.

Wenn der Löwe von seinen Angelegenheiten anfängt oder seine Meinung äußert, gähnt man.

Man vergißt seinen Geburtstag und alle sonstigen Gedenktage und schickt einen verspäteten Glückwunsch mit leutseligem «Besser spät als nie!»

Man versage ihm jegliches Lob, kritisiere seine Kleidung,

bemäkele seine Freunde und mache die Einrichtung seiner Wohnung mies.

Man lasse den Löwegeborenen wissen, daß die eigene Karriere, das eigene gesellschaftliche Leben und die eigene sexuelle Befriedigung an erster Stelle stehen.

Man lasse sich in der Kleidung gehen und laufe in den ältesten, schlampigsten Sachen herum. Und ziehe sich auch zum Ausgehen nicht um.

Man sehe sich mit ihm in einem Bumskino einen miesen Sexfilm an. Dabei äußere man sein Entzücken über die Liebeskunst des Filmhelden und deute an, der Löwe könne von ihm noch viel lernen.

Im Bett mache man spitze Bemerkungen über das langweilige Einerlei.

Man errege absichtlich seine Eifersucht.

Man lasse Sparsamkeit walten.

Man ziehe seine Eitelkeit ins Lächerliche.

Der Löwe wird bald abziehen, um in einem andern Teil der Steppe König der Königin zu spielen.

Wer mit wem, wie und warum

Löwe und Widder

Diese beiden fühlen sich zueinander hingezogen, denn ihnen ist ein starkes Interesse an Sex gemeinsam. Beide sind leicht entflammbar und leidenschaftlich. Der Führungsdrang des Widders prallt mit der Herrschsucht des Löwen zusammen wie eine unwiderstehliche Kraft mit einem nicht von der Stelle zu bewegenden Gegenstand. Doch die körperliche Übereinstimmung ist so groß, daß sie die Schwierigkeiten überwinden kann. Ein beglückendes Verhältnis, gute Aussichten für eine Ehe.

Löwe und Stier

Dieses Liebesduett kann in ein stimmaufwendiges Seilziehen ausarten. Beide wollen ihren Kopf durchsetzen, und der Willenskampf wird unter Umständen explosiv. Sie können eine liebevolle sexuelle Verbindung haben, aber der Überschwang des Löwen wird dem ruhigen, gemessenen Stier lästig werden. Den aufgeplusterten Löwen ärgert es, wenn der Stier ihn durchschaut. Ein Verhältnis ist möglich, eine längere Verbindung zweifelhaft.

Löwe und Zwillinge

Der Zwillinggeborene muß klug vorgehen, wenn er den Löwen festhalten will, denn dem an sich toleranten Löwen passen die Seitensprünge der Zwillinge nicht in das Bild, das er sich von sich selbst macht. Doch die natürliche Begabung der Zwillinge, Mittel und Wege für ein gutes Auskommen zu finden, sollte die beiden zusammenhalten. Der Löwe wird von den Zwillingen angeregt, bezaubert und manchmal zur Verzweiflung gebracht. Da er die stärkere Persönlichkeit ist, wird er mühelos herrschen. Verhältnis und Ehe gut.

Löwe und Krebs

Der Löwe sucht ein oberflächlicheres Verhältnis als der Krebs, der seelisch zu sehr beteiligt ist. Der Krebs wünscht mehr als nur sexuelle Leidenschaft; er ersehnt Stärke, Dauerhaftigkeit und die kleinen Aufmerksamkeiten, in denen sich Liebe kundtut. Das vermag der Löwe alles zu geben, wenn ihm der Krebs seine ganze Liebe und uneingeschränkte Ver-

ehrung entgegenbringt. Dann, nur dann sind ihnen die
Sterne günstig.

Löwe und Löwe

Im Schlafzimmer und überall denkt der Löwe in erster Linie
an sich selbst. Die Frage ist: Können zwei «Ich» ein «Wir»
ergeben? Nun ja, Könige und Königinnen sprechen von sich
selbst im Plural – warum also nicht? In sexueller Hinsicht
passen sie gut zueinander. Jeder muß den andern glänzen
lassen und, wenn nötig, das Scheinwerferlicht mit ihm teilen.
Das ist natürlich nicht immer möglich, aber wenn es klappt,
dann heißt es: Lang lebe der König! Lang lebe die Königin!

Löwe und Jungfrau

Der Löwe reagiert sexuell stärker als die Jungfrau, und das
bedeutet Ärger im Schlafzimmer. Der Überschwang des Löwen kann der konservativen, vernünftigen Jungfrau auf die
Nerven gehen. Zudem mag die Jungfrau nicht beherrscht
werden, der Löwe aber will genau das und nur das. Wenn die
Jungfrau mit Kritik anfängt, beginnt der Löwe zu brüllen.
Ein längeres Verhältnis oder eine Ehe? Lieber nicht.

Löwe und Waage

Der Löwe hat eine körperlichere und direktere Einstellung
zum Sex als die Waage. Aber beide werden sich gut vertragen, denn die Waage kann bei richtiger Behandlung recht
leidenschaftlich sein. Die unbekümmerte Waage darf aber

niemals unterlassen, die Leistungen des Löwen gebührend zu bewundern und muß ihre Neigung zu allzu großer Aufrichtigkeit unterdrücken. Der Löwe muß sein Temperament zügeln. Im übrigen eine sehr gute Verbindung.

Löwe und Skorpion

Blendendes Feuerwerk und sprühende Funken im Schlafzimmer. Dadurch können andere Schwierigkeiten kompensiert werden. Die zornige Eifersucht des Skorpions beleidigt den Löwen. Der Skorpion versagt ihm die Achtung und Bewunderung, die der Löwe braucht. Der Skorpion wird versuchen, ihn zu besitzen – und das erträgt der Löwe nicht. Beide möchten herrschen. Ein Verhältnis kann aufregend sein. Die Ehe sollte vermieden werden.

Löwe und Schütze

Beide haben einen ausgeprägten Sinn für die Liebe als Abenteuer. Beide sind extrovertiert, leidenschaftlich und folgen ihren sexuellen Neigungen, ohne beim andern Befremden hervorzurufen. Beide tun es gerne und oft. Der Schütze regt den Löwen an und beflügelt ihn, und der Löwe weckt beim Schützen die Treue, deren er überhaupt fähig ist. Ein Verhältnis mit viel Spaß und eine garantiert glückliche Ehe.

Löwe und Steinbock

Die nüchterne Einstellung des Steinbocks legt dem überschwenglichen, optimistischen Löwen Zügel an. Zwischen

den beiden besteht grundsätzlich Verschiedenheit. Bei dieser
Beziehung wird der Glanz des Löwen gedämpft und sogar
ausgelöscht. Der Steinbock ist nicht so romantisch und liebevoll wie der Löwe, und er kann zu anspruchsvoll sein. Die
Extravaganz des Löwen ergrimmt den Steinbock. Eine Liebelei mag angehen, eine gute Ehe ist kaum denkbar.

Löwe und Wassermann

Der Wassermann entzündet die sexuelle Individualität des
Löwen und macht die Vereinigung aufregend. Aber die Neigung des Wassermanns, zu analysieren und bloßzulegen, ir-
ritiert den Löwen und verärgert ihn. Sie erschüttert sein Vertrauen in seine Überlegenheit. Außerdem geht ihm das unor-
thodoxe Verhalten des Wassermanns im Schlafzimmer auf
die Nerven. Flüchtige Sexpartner, aber ein unmögliches
Ehepaar.

Löwe und Fische

Der demonstrative, überschwengliche Löwe geht den
scheuen, introvertierten Fischen gegen den Strich. Der Löwe
zeigt keinerlei Verlangen, das Geheimnis der Fische im
Schlafzimmer zu ergründen. Beide sind eher darauf aus, zu
empfangen als zu geben. Die anfängliche magnetische Anziehung führt schließlich zu einer Explosion. Das Zeichen
der Fische ist schwächer, und der Mangel an Ehrgeiz stört
den Löwen. Wenn die Fische schmollen, verbietet der Stolz
es dem Löwen, Mitgefühl zu zeigen. Ein schwieriges Liebesverhältnis, eine sehr unglückliche Ehe.

Jungfrau

23. August – 22. September

Die Jungfrau-Frau

Unter den im Zeichen der Jungfrau geborenen Frauen gibt es mehr unverheiratete als in jedem andern. Das liegt daran, daß sie selten einen Mann finden, der ihren Maßstäben entspricht.

Die Jungfrau neigt dazu, die Menschen oberflächlich zu beurteilen, das heißt danach, ob sie adrett, appetitlich und sauber sind. Infolgedessen geht sie oft an wertvollen Persönlichkeiten beiderlei Geschlechts vorbei.

Wenn man sie verstehen will, darf man sie nicht als einen kalten Verstandesmenschen betrachten, sondern muß sie als eine Frau mit großer Selbstbeherrschung ansehen. Ihre Gemütsbewegungen sind die gleichen wie die anderer Frauen, aber sie zügelt sie mehr. Ihre geheimen Sehnsüchte bleiben meistens auch geheim.

Sie neigt zu Ernsthaftigkeit und Würde. Bescheidenheit ist ihr von Natur gegeben, und man wird sie selten dabei ertappen, daß sie sich mit ihren Leistungen brüstet. Sie hat ausgezeichnete Manieren und benimmt sich immer damenhaft – außer wenn sie herausgefordert wird. In ihren Augen ist man eine Dame, wenn man nie einen Menschen beleidigt, es sei denn, absichtlich. In diesem Fall muß man sich vor ihr hüten. Ja, am besten geht man in Deckung. Denn sie kann mit Worten angreifen, die sogar den Stärksten in die Knie zwingen.

Sie hält viel von Selbstverbesserung und Weiterbildung und bemüht sich sehr, sich selbst und ihre Lebensstellung zu verbessern. Besonders interessiert sie sich für Literatur, Musik und Malerei, und viele Jungfraugeborene entwickeln ein treffendes und scharfsichtiges Talent als Kritikerin.

Sie macht sich allzu viele Sorgen. Das rührt teilweise daher, daß sie überzeugt ist, verstandesmäßig fast jedes Problem lösen zu können. Sie vertraut ihrem Intellekt mehr als ihrer Intuition, und wenn sie vor einem Problem steht, kaut sie daran herum wie ein Hund an einem Fleischknochen, bis die Form deutlich sichtbar zutage tritt.

Sie kann großzügig, geduldig und gütig sein; aber sie ist auch sehr entschieden – ein kühles Wesen, dessen Kopf das Herz beherrscht. Wenn sie einen bestimmten Weg verfolgt, kann nicht einmal ein Hammerschlag auf den Kopf sie davon abbringen.

Ihre Tatkraft würde für zwei bis drei ausreichen, und sie nimmt jede Aufgabe mit der Überzeugung in Angriff, daß niemand sie so gut bewältigen kann wie sie selbst. Bei jeder Unternehmung ergreift sie alle erdenklichen Vorsichtsmaßnahmen gegen einen Mißerfolg. Wie ein Trapezkünstler, der ohne Netz arbeitet, muß sie genau wissen, wo das andere Trapez auf sie wartet, wenn sie zu ihrem dreifachen Salto durch die Luft startet.

Ihr Reich ist das Heim. Hier regiert sie, und ein kluger Mann wird sie gewähren lassen. Ihre Wohnung sieht aus, als lebte niemand darin. Jedes Ding muß an seinem Platz sein, und jedes hat seinen vorgeschriebenen Platz. Als kluge Konsumentin kann sie ein Geldstück strecken, bis es quietscht.

Sie weiß, was ein Mann begehrt. Wenn er es nicht selbst erkennt, wird sie ihm bei der Analyse der Lage helfen. Aufs Analysieren versteht sie sich. Sie verfolgt mit der richtigen Entschlossenheit und dem richtigen Tempo praktische, erreichbare Ziele.

Wenn sie heiratet, dann gewöhnlich spät im Leben. Sie wird eine perfekte Hausfrau sein, eine vortreffliche Mutter (obwohl vielleicht ein bißchen zu streng) und ihrem Mann eine interessante Gefährtin. Sex ist für sie eher eine Sache der Fortpflanzung als des Vergnügens, und das kann sich frustrierend auswirken, denn im allgemeinen ist sie hübsch und behält ihr gutes Aussehen bis weit in die mittleren Jahre.

Sie gibt gern kleine Einladungen, bei denen alles bis ins kleinste tadellos klappt. Leute mit schlechten Tischmanieren, nachlässig Angezogene, Fleckenmacher und Aschestreuer werden von ihr kein zweites Mal eingeladen. Bei intellektuellen Gesellschaftsspielen tut sie sich hervor.

Im Beruf wirkt sich ihre Genauigkeit ebenso aus wie zu Hause. Sie kann gut rechnen, und sie ist die beste Buchhalterin, die man sich vorstellen kann. Sie ist auch eine glänzende Privatsekretärin, besonders wenn die Branche ihrer Vorliebe für die eigene Fortentwicklung entgegenkommt. In jeder Stellung fordert sie einen Lohn, der ihr Unabhängigkeit sichert. Bei einer wirklich schwierigen Wahl wird sie allerdings Unterbezahlung in Kauf nehmen, wenn sie gerecht, freundlich und rücksichtsvoll behandelt wird.

So objektiv und nüchtern sie auch zu urteilen vermag, in einem Punkt läßt sie sich blauen Dunst vormachen – nämlich wenn es sich um ihren Geliebten handelt. Seine Fehler und Schwächen sieht sie nicht. Sie bleibt dem Idealbild, das sie sich von ihm gemacht hat treu, und ihre Gefühle wurzeln tief, auch wenn sie nicht offen gezeigt werden.

Sie behandelt den Mann gern, als ob er gewissermaßen jungfräuliches Land wäre, das erforscht, überwacht, entwickelt und verbessert werden muß. Sie kennt sich in der Psyche des Mannes aus, denn sie hat ein beinahe übersinnliches Wahrnehmungsvermögen für Motivationen, und gewöhnlich ist sie zum Schluß die Herrin über alles, was sie überwacht.

Sie erwartet von jedem, ebenso sauber und ordentlich wie sie selbst zu sein. Auf sie hätte der Zauber des gefeierten Dr. Samuel Johnson nicht gewirkt, der einmal bei Tisch neben einer parfümierten, eleganten Dame saß. «Herr Doktor Johnson, sie riechen», bemerkte die Dame. Samuel Johnson, der Verfasser des ersten englischen Lexikons, nahm es mit Wörtern sehr genau; er antwortete: «Nein, Gnädigste, Sie riechen. Ich stinke.» Wenn die Dame zu den Jungfraugeborenen zählte, hat sie das sicher nicht amüsiert. Aber man kann darauf wetten, daß sie eine wirkliche Dame war.

Das Sexleben der Jungfrau-Frau

Sie gibt sich über Sex keinen Illusionen hin und findet, daß man viel zuviel Wesens davon macht. Sie kann einfach nicht glauben, daß es blitzt und donnert, wenn sich zwei Körper zu einer durchaus natürlichen Funktion vereinigen.

Sie mag die Männer nicht, die wie ein Überschallflugzeug bei ihr zu landen versuchen. Sie bevorzugt diejenigen, die genügend Selbstdisziplin haben, um abzuwarten, bis sich eine Beziehung entwickelt hat, bei der Sex unvermeidlich ist. Natürlich würde sie es nicht so ausdrücken. Eher würde sie sagen, das Seelische sei auch wichtig, und jeder, der nur die rein körperlichen Aspekte hervorhebt, verstehe die wahre Bedeutung des Liebemachens nicht. Sie betrachtet die Werbung nicht als eine Einleitung, die man möglichst rasch hinter sich bringen muß, damit die Hauptsache endlich beginnen kann, sondern als anmutige, liebliche Ouvertüre zu einem symphonischen Höhepunkt. Sie genießt es, mit einem Mann zu schlafen, läßt sich aber deswegen nicht zu rhapsodischer Gefühlsseligkeit hinreißen, dazu ist sie viel zu sehr ein Verstandesmensch.

Wenn es nach ihr geht, wird ihr Schlafzimmer nach frischen Blumen riechen und nicht nach schwülem aufreizendem Parfüm. Man kann auch keinen dramatischen Auftritt mit nichts am Leibe als orientalischen Liebesperlen von ihr erwarten. Es handelt sich schließlich nicht um eine Filmszene, mein Lieber, sondern ums wirkliche Leben. Wir beide wissen ja, warum wir hier sind.

Hat sie einmal beschlossen, sich hinzugeben, wird der Mann jedoch nicht enttäuscht. Ihre weibliche Grazie und Bescheidenheit, ihre sanft hingebungsvolle Wärme sind Balsam für jene, die des Scheinfeuerwerks müde sind. Das Ganze wird zur vollen Befriedigung des Mannes ablaufen.

Wahrscheinlich wird das Äußerliche vorher im einzelnen besprochen werden, zum Beispiel der Ort, wo das Ereignis stattfinden soll. Sie bevorzugt ihre eigene Wohnung, weil sie hier die Kontrolle über den Rahmen hat. Man ist nicht schlecht beraten, wenn man Champagner mitbringt.

Man wundere sich nicht, wenn sie eine Dusche oder ein Bad zu zweit vorschlägt. Das läßt mehr Zeit für die überaus wichtigen Präliminarien und entspricht ihrem unbezwingbaren Bedürfnis nach Reinlichkeit. Möglich, daß sie den Mann gründlich abschrubbt, bevor sie eine nähere Berührung erlaubt. Darüber braucht man nicht gekränkt zu sein. So ist die Jungfrau eben; am besten man entspannt sich und genießt es.

Das Schlafzimmer ist nur matt beleuchtet oder verdunkelt, das Bett frisch bezogen, das ganze Zimmer untadelig, das Telefon abgestellt. Die Jungfrau trifft Vorsorge für alles.

Der Mann kann mit ihr tun, was er will, vorausgesetzt, er unterläßt all das, was sie als anormal, grotesk, animalisch betrachtet. Manch einer findet – zu Recht – daß dadurch ein bißchen viel tabu wird. Aber sie zieht nun mal die Grenzen, was ihr gefällt und was nicht.

Innerhalb dieser Grenzen entschädigt sie in höchstem Maße für jedes aufkommende Gefühl der Einengung. Sie kann aus einem Kuß ein erotisches Erlebnis machen, das fast dem Liebesakt gleichkommt. Ihrem Liebhaber zu Gefallen geht sie so weit, ihn in jeder Weise oral zu befriedigen. Darin kann sie eine Künstlerin werden. Die höchste Wollust bedeutet es für sie, den Mann glücklich zu machen. Auf der Liste ihrer Varianten jedoch dürfte neunundsechzig die ausgefallenste Nummer sein.

Unmittelbar nach dem Vorspiel nimmt sie, wenn der Mann nichts anderes andeutet, die Normalstellung ein. Aber keine Sorge, sie macht mit, wenn er es anders wünscht. Nur muß er ihr vorher erklären, was er im Sinn hat; dann kann man sich darauf verlassen, daß sie ihm zu Gefallen ihr Äußerstes tun wird. Schließlich ist Sex für sie ja eine Pflichtübung, genau wie das Kaffeekochen am Morgen. Auch dabei gibt sie sich erst zufrieden, wenn sie wie die Frau im Werbe-Spot den besten Kaffee auftragen und dem Mann so eine Freude machen kann.

Wer ihr geheimes Glockenspiel in Bewegung setzen will, der probiert es bei ihr mit gegenseitigem Masturbieren. Vorzugsweise in einer Stellung, in der sie die Beine über dem Gesicht des Partners spreizt, der sie mit der Zunge bearbeitet, während sie hinter ihrem Rücken mit seinem Penis spielt. Reine Ekstase!

Sie kennt auch ein paar sexuelle Abarten, die meistens mit Bestrafung zusammenhängen. Der Grund dafür ist klar. Wenn sie irgend etwas tut, das bei ihr moralische Skrupel hervorruft, erwartet sie Strafe. Insofern kann sie eine Masochistin sein. Schläge aufs Hinterteil faßt sie als Bestrafung auf, aber sie bereiten ihr auch erotisches Vergnügen. Derartige Episoden enden gewöhnlich mit dem Koitus. Wenn das nicht der Fall ist, wird sie masturbieren. Hat sie das Gefühl, zu viel Spaß am Sex zu haben, kann sie die Bestrafung sogar in den Akt als solchen einbeziehen.

Manche Frauen, die im Zeichen der Jungfrau geboren sind, können nur zu dritt Spaß im Bett haben. Die dritte Person vertritt dann das «Gewissen», muß sie ständig schelten und ihr so ermöglichen, sich ohne schlechtes Gewissen zu befriedigen. Auch all dies wird vorher besprochen, niemand wird damit überrascht oder überrumpelt, aber auf unergründliche Weise fühlt sich die Jungfrau dann rein, weil man sie «gezwungen» hat, mitzumachen.

Der Jungfraumann

Von Merkur regiert, dem Planeten des logischen Denkens, hat er einen scharfen Intellekt und zeichnet sich bei geistiger Arbeit aus. Er interessiert sich für fast alles, wenn es seinem persönlichen Vorwärtskommen förderlich ist. Das erste, was er von andern Menschen wissen will, ist, ob sie Geld haben und wie sie damit umgehen. Seiner Meinung nach ist es Sünde, Geld zu verschwenden, denn es ist ein Maßstab, nach dem sich Leistungen und Wert der Menschen abschätzen lassen.

Niemand kann den Jungfraumann zu einem Abenteuer überreden, das ein Risiko in sich schließt. Ein Instinkt warnt ihn, wenn er auf zu dünnes Eis gerät, und er kehrt dann einfach um. Vielleicht ist es nicht ganz richtig, bei ihm von einem Instinkt zu sprechen. Der praktische und analytische Verstand des Jungfraumannes deckt bei jedem Vorschlag sofort die Risiken. Wenn er nein sagt, folgt er keiner Ahnung, sondern fällt ein Urteil, das auf Fakten beruht, wie er sie sieht – und niemand sieht sie besser. Man kann sich auf sein «Nein» als das letzte Wort verlassen. Bei ihm bedeutet es nicht «Vielleicht».

Bei der Auswahl seiner Freunde und Partner läßt er ein feines Unterscheidungsvermögen walten. Dabei irrt er sich selten. Bestimmt macht er denselben Fehler nicht zweimal. Er handelt nach dem Sprichwort: «Gebranntes Kind scheut das Feuer.»

Da er erwartet, daß andere Menschen nach seinen eigenen Maßstäben leben sollen, ist er oft überkritisch. Was nicht gerade förderlich ist, wenn man Freunde gewinnen oder Frauen beeinflussen will. Niemand hat gern, wenn sein Charakter auf den kleinsten Fehler hin durchleuchtet wird. Der Jungfraumann kann aber einfach nicht anders! Es fällt ihm auch schwer, einem Menschen zu schmeicheln. Gewöhnlich von nervösem Temperament, braucht er eine ruhige Umgebung, um sein Bestes zu geben. Daher auch seine Vorliebe für frische Luft, Gymnastik und Diät. Die Gesundheit zu pflegen ist ihm heilig, ebenso genügend Freizeit um die Fähigkeiten zu entwickeln, die ihn im Leben vorwärtsbringen.

Die Frau ist für ihn eine Kuriosität, die untersucht werden muß, mit der man experimentiert, die man hätschelt und verzärtelt. Was Sex betrifft, so ist er eben eine der vielen Facetten des Lebens, eine nicht zu übersehende Erfahrung – vorausgesetzt, man hat Zeit und Lust dazu.

Unter diesem Zeichen sind die meisten Junggesellen geboren. Jungfraumänner sind so sehr damit beschäftigt, im Beruf Perfektionisten zu sein, daß für Romantik nichts mehr übrigbleibt. Sie sind systematisch und gewissenhaft, haben ein starkes Verantwortungs- und Pflichtgefühl. In der Hierarchie einer großen Firma findet man den Jungfraumann oft als zweiten Mann. Er ist methodisch und verläßlich, doch infolge seiner Bescheidenheit findet er meistens nicht die gebührende Anerkennung.

Er ist ein zuverlässiger, gescheiter, fleißiger, gewissenhafter Arbeiter. Wird ihm ein Problem vorgelegt, wird er gewöhnlich die Lösung finden. Wenn er sich dabei Zeit läßt, liegt es daran, daß er umständliche Nachforschungen anstellt und Informationen sammelt, um sich gegen jeglichen Irrtum abzusichern. Wenn er etwas haßt, so ist es, unvorbereitet überrumpelt zu werden.

Er trägt keine saloppe Kleidung, und man wird ihn nie mit einem struppigen Bart sehen. In bezug auf seine äußere Erscheinung ist er ebenso pedantisch wie in seiner Ausdrucksweise.

Er gehört nicht zu den aufregendsten Männern, mit denen sich eine Frau abgeben kann; aber er wird dafür sorgen, daß sie sich behaglich und glücklich fühlt. Er spielt auf der Tonleiter der Leidenschaft nicht von Alpha bis Omega, verlangt aber auch nicht fortwährende Aufmerksamkeit, stellt sich nicht ins Scheinwerferlicht, bleibt immer freundlich und rücksichtsvoll. Selbst wenn er herausgefordert wird, verliert er nicht so leicht die Beherrschung.

Wenn man nach einem gemeinsam verbrachten Abend die Tür zumacht, stellt er nicht den Fuß dazwischen. Er wartet ab, bis er ins Schlafzimmer eingeladen wird. Er ist kein Jäger, sondern zieht es vor, der Gejagte zu sein. Als Sexpartner beweist er Ausdauer. Andere Männer mögen sich in hektischer, rasch entzündeter Leidenschaft auskennen, der Jungfraumann hingegen ist immer noch da, wenn andere längst eine Bruchlandung gemacht haben.

In der Beziehung zu einer Frau mag er eine väterliche Einstellung annehmen und ein beschützerisches Interesse an ihrem Leben bekunden. Er kann ein unschätzbarer Freund und Ratgeber sein. Wenn sie mehr Romantik wünscht, muß sie sich auf einen Kampf gefaßt machen. Zur Heirat entschließt er sich nur schwer, sicher erst nach langen Überlegungen, ob sie als Lebensgefährtin seiner Laufbahn nützlich sein wird, ob sie genügend Geld hat, sein Leben zu verbessern, ob sie ihm ein behagliches Heim bieten wird, so daß er ungestört seiner Tätigkeit nachgehen kann.

Seinerseits wird er Geborgenheit, Zuverlässigkeit, Treue bieten. Große Geselligkeit und gesellschaftlichen Trubel darf sie nicht erwarten, denn das ist nicht sein Bier. Er verbringt seine Freizeit lieber mit Gartenarbeit oder mit Lesen. Sie braucht sich nicht zu sorgen, daß er sich die Nacht in der Kneipe um die Ohren schlägt. Ein Gesellschaftslöwe ist er nicht.

Sie wird finanzielle Sicherheit finden, aber das bedeutet nicht, daß sie alles bekommen wird, was sie sich wünscht. Er behält eine Münze gern in der Hand und nennt diese Einstellung «den Wert des Geldes verstehen». Für Kinkerlitzchen darf schwerverdientes Geld nicht ausgegeben werden. Andererseits reist er nicht zweiter Klasse. Alles zu seiner Zeit und bei richtiger Gelegenheit.

Er ist durch und durch treu. Die Frau, mit der er sich verbindet, wird nicht betrogen. Er spielt seine Karten genauso aus, wie sie ihm zugeteilt worden sind. Treue ist für ihn kein leerer Wahn. Aber wie bei vielen Menschen, die sich zu hoher Moral bekennen, läßt sich seine Moralität oft auf einfache Begierdelosigkeit zurückführen.

Romantische Aufregung? Nein.

Sicherheit? Ja.

Das Sexleben des Jungfraumannes

Der Jungfraumann geht nicht auf Mädchensuche.

Wenn seine Partnerin daran zurückdenkt, wie es eigentlich angefangen hat, wird ihr einfallen, daß sie den ersten Schritt getan hat. Er ist zu scheu, den Anfang zu machen. Wahrscheinlich hat sie ihn ganz zufällig durch gemeinsame Bekannte oder am Arbeitsplatz kennengelernt.

Zur ersten Verabredung sollte sie besser pünktlich erscheinen – und das auch weiterhin –, denn Pünktlichkeit ist wichtig. Andere Eigenschaften, die er besonders bewundert, sind Takt, Haltung, gute Umgangsformen (einschließlich

Tischmanieren) und eine breite Skala in der Unterhaltung. Er möchte den Ort des Stelldicheins wählen, und er hat feste Vorstellungen von den Menschen, mit denen er zusammenkommen mag.

Man braucht keine Sorgen zu haben, daß sich seine Hand unter dem Tisch an die falschen Stellen verirrt, er in der Öffentlichkeit demonstrativ Zärtlichkeiten verteilt, oder daß er nach dem Ausgehen noch den berüchtigten Schlummertrunk in der Wohnung der Angebeteten erwartet. Das ist nicht seine Art.

Doch wenn der kritische Augenblick kommt, ist er auf alles vorbereitet. Findet das Ereignis bei der Partnerin statt, wird er alles mitbringen, Pyjama, Rasierzeug, Zahnbürste, frisches Hemd, saubere Socken und wahrscheinlich auch seinen Wecker, damit er rechtzeitig am Arbeitsplatz erscheinen kann! Vielleicht bringt er auch die Frage aufs Tapet, wie man es gern hätte, bevor es losgeht.

Es kommt bei ihm nicht zu vulgärer Entfaltung von Leidenschaft, nicht zu unerwünschter Aufdringlichkeit. Sein Vorspiel ist eher einstudiert, sogar methodisch. Er versteht etwas von der weiblichen Anatomie. Da er vorher genau geklärt hat, was eine Frau anregt, wird er die richtigen Reaktionen auslösen. Seine Technik ist eher ästhetisch als sinnlich, und falsche Impulse können seine Leistungen beeinträchtigen. Allerdings schreibt er das dann eher den Umständen als sich selbst zu.

Doch immer ist er empfänglich für Anregungen, und eine aggressive Frau kann fast alles von ihm haben, was sie sich wünscht. Nur darf man von ihm nicht viel Phantasie erwarten. Er wird sich sehr bemühen, und eine Frau, die bei ihm den Höhepunkt verpaßt, ist selbst daran schuld. Der aufopferungsfähige Jungfraumann verrenkt sich geradezu, um seine Bettgenossin zu erfreuen.

Wenn der Jungfraumann nicht durch besondere Umstände oder Tricks angeregt wird, begnügt er sich mit der
Normalstellung. Und das möglichst unter der Bettdecke.
Mit einer Ausnahme: Er hat es gern, wenn sich seine Gespielin mit aufgestützten Ellbogen bäuchlings auf den Boden
legt, so daß er sie von hinten nehmen kann.

Neuen Techniken ist er nicht abgeneigt, wenn sie ihm
nicht aufgezwungen werden. Darin ähnelt er einer Rosen-
knospe, die mit liebevoller Sorgfalt behandelt werden muß,
wenn die volle Blüte ihrer sinnlichen Schönheit zur Geltung
kommen soll.

Ein guter Tip: Ein leichter Biß in sein Hinterteil läßt seinen Puls schneller schlagen und führt gewöhnlich zu einer
raschen Erektion.

Nicht alle Geschichten über die Kühle des Jungfraumannes im Schlafzimmer sind unwahr. Da er nicht sehr sexbetont ist, kann das leicht in Gleichgültigkeit ausarten. Es soll
vorkommen, daß er jahrelang verheiratet ist, ohne von seinen Rechten oder Pflichten als Ehemann Gebrauch zu machen. «Wer rastet, der rostet», heißt es so schön in einem
Sprichwort. Den Jungfraumann sollte man nicht rasten
lassen!

Bei gewissen Konstellationen kann er zum Voyeur werden. Die frühen Anzeichen – harmlose Blicke auf Badenym-
phen im Bikini, ein lüsterner Blick durchs Fernglas – können
sich zur Pornographie-Besessenheit auswachsen. Bei Porno-
literatur und Sexfilmen befriedigt er sich selbst. Dann ist ein
normales Sexleben für ihn nicht mehr möglich.

Erogene Zonen

Wer einen Jungfraugeborenen sexuell ankurbeln möchte, konzentriere sich auf seinen Bauch. Das ganze Gebiet vom Unterleib bis zur Brust reagiert auf Berührung mit der Zunge oder mit den Lippen, auf Streicheln und federleichtes Darübergleiten mit den Haaren.

Sinnliche Schauer werden durch Bearbeitung des Bauchs mit Schwamm und Seife hervorgerufen. Wenn dann noch der Strahl der Dusche diese empfindsame Zone trifft, wird der Jungfrau wohl und wehe. Überhaupt sind Wasserspiele als Einleitung einer Schlafzimmerorgie sehr zu empfehlen, weil die Jungfrau auf alles anspricht, was Reinlichkeit verheißt.

Raffinierte Liebhaber schaffen sich eine Sitzbadewanne an, nehmen ihre Jungfrau auf den Schoß, berieseln sie von vorn mit der Dusche und dringen von hinten in sie ein. Später im Bett wird kreisförmige Massage um den Bauchnabel sehr geschätzt, gekrönt durch Züngeln mit der Zungenspitze in die Höhlung des Nabels. Die Ergebnisse lassen die Legenden von der kühlen Jungfrau vergessen.

So fängt es an

Die Jungfrau fühlt sich zu Menschen hingezogen, die charmant, anmutig, ausgewogen sind.

Sie bewundert Witz und Talent. Ein wenig geistreich muß man schon sein, wenn man ihr Eindruck machen will. Ist es damit nicht so weit her, läßt sich das durch guten Geschmack wettmachen. Man lasse durchblicken, daß man die schönen Künste ebenso schätzt wie sie, und bereite sich durch Lesen von Kunstkritiken vor, um ihr durch eine gut fundierte Meinung Eindruck zu machen. Sie hat Freude an Schlagfertigkeit, die allerdings spontan sein sollte. Lange Monologe liebt sie weniger.

Sie setzt sich im Beruf voll und ganz ein. Und wendet Überstunden auf, um ihren Arbeitsplatz immer aufgeräumt zu hinterlassen. Bei Einladungen hilft sie beim Abwaschen, leert die Aschenbecher, greift dauernd ein, während die Party in vollem Gang ist. Eine Freude für jeden Gastgeber!

Wie nähert man sich ihr am besten? Man versuche es mit einem originellen Thema, keinesfalls mit abgedroschenen Floskeln.

Elegante, teure Lokale, Rennplätze oder Spielbanken sind nicht angebracht. Sie verabscheut Geldverschwendung. In bezug auf Geschenke kann man mit einem guten Buch oder einer gediegenen Langspielplatte nie fehlgehen. In der Kleidung bevorzugt sie Klassisches und Unauffälliges, aber gute Qualität. Auch Parfüm muß unaufdringlich sein.

Nicht zu vergessen: Der Jungfraugeborene möchte den andern achten, möchte glauben, daß der Partner ihm an Bildung, kulturellen Interessen und gesellschaftlicher Stellung ebenbürtig oder überlegen sei.

Ein Vorschlag: Den Jungfraumann schleppt man am besten auf eine Warenmesse, wo die neuesten Errungenschaften ausgestellt sind; an Fortschritt und Verbesserungen ist er immer interessiert. Der Jungfraudame führt man die neuesten Errungenschaften für Küche und Haushalt vor oder bummelt mit ihr durchs Warenhaus. Vornehmlich zur Ausverkaufszeit. Das zieht bei ihr immer.

Ende der Affäre

Die Jungfrau sieht über vieles hinweg und macht einer Beziehung im allgemeinen ungern ein Ende. Aber es kann auch ihr zuviel werden. Wenn man den Rückwärtsgang einschalten will, hier eine narrensichere Liste.

Vulgäre Ausdrucksweise.

Selten waschen und schlampig anziehen. Asche verstreuen und die Wohnung unordentlich hinterlassen.

Immer zu spät kommen.

Anrüchige Lokale und Filme aussuchen.

Unfreundlich sein und jegliche Kritik ablehnen.

Auffallendes Benehmen in der Öffentlichkeit.

Jede ihrer Entscheidungen in Frage stellen oder selbst welche treffen, ohne sie zu fragen.

Schlechte Witze in schlechter Gesellschaft erzählen.

Um Geld spielen.

Das laute Geräusch, das soeben zu hören war, ist die Tür, die die Jungfrau zugeschlagen hat – sie ist auf und davon.

Wer mit wem, wie und warum

Jungfrau und Widder

Die Jungfrau kann von dem kühnen Widder fasziniert sein. Aber er braucht einen leidenschaftlichen Bettgenossen, und die Jungfrau ist zu gehemmt, um da zu genügen. Der Widder ist stets auf Abenteuer aus, die Jungfrau hingegen hält sich gern ans Erprobte und als echt Erkannte. Sie liebt anregende Gespräche, der Widder hingegen anregende Aktion. Ein aussichtsloses Verhältnis; eine Ehe, die gewiß nicht im Himmel geschlossen worden ist.

Jungfrau und Stier

Der Stier will seinen Sex ohne allzu viele Sperenzchen genießen, wohingegen die Jungfrau gern analysiert, prüft – und vielleicht kritisiert. Im übrigen erweist sich die Jungfrau als williger, wenn nicht gar leidenschaftlicher Partner für den Stier. Auf anderen Gebieten besteht wahre Übereinstimmung. Beide sind materialistisch, praktisch, bewundern Tüchtigkeit und sind Heimchen am Herd. Ein glückliches – wenn auch nicht sehr aufregendes – Verhältnis und entschieden eine aufbaufähige Ehe.

Jungfrau und Zwillinge

Sie können in sexueller Hinsicht miteinander auskommen, weil die Jungfrau auf diesem Gebiet ziemlich unpersönlich ist und die Zwillinge im allgemeinen nicht sehr leidenschaftlich sind. Aber die Zwillinge sind viel impulsiver und stoßen sich leicht an der Nörgelei der Jungfrau. Sie brauchen Freiheit und nehmen den Wunsch der Jungfrau, Kontrolle auszuüben und zu dominieren, nicht ohne weiteres hin. Die Jungfrau findet sie flatterhaft und verantwortungslos. Ein Verhältnis ist möglich, doch einen Ehevertrag sollte man nicht unterzeichnen.

Jungfrau und Krebs

Die Jungfrau vermittelt die gefühlsmäßige Geborgenheit, die der Krebs braucht, und erweist die kleinen Aufmerksamkeiten, die von Liebe sprechen. Das Anlehnungsbedürfnis des Krebses findet Erfüllung beim Beschützerdrang der Jungfrau. Die Phantasie des Krebses wirkt sich bei der Jungfrau anregend aus, und sein Bestreben, gefällig zu sein, vertieft ihre Zuneigung. Beide werden aus ihrem Schneckenhaus hervorkommen und das Leben genießen können. Ein inniges Liebesverhältnis, eine dauerhafte Ehe.

Jungfrau und Löwe

Der Löwe ist sexgebunden, die Jungfrau interessiert sich mehr für Sicherheit als für Tummelei im Bett. Darüber werden sich Streitigkeiten ergeben, vor allem aber auch wegen der unseligen Neigung der Jungfrau, Kritik zu üben – und der Löwe ist und bleibt über jede Kritik erhaben. Die praktische, sachliche Lebenseinstellung der Jungfrau verträgt sich auch nicht mit der überschwenglichen, optimistischen Natur des Löwen. Ein Verhältnis dürfte nur von ganz kurzer Dauer sein, eine Ehe kann zu einer Katastrophe werden.

Jungfrau und Jungfrau

Sie haben die sexuelle Zurückhaltung gemeinsam und betrachten eine Liebesbeziehung als Grundlage einer wichtigeren Angelegenheit, nämlich einer Partnerschaft fürs Leben. Die Anforderungen im Schlafzimmer werden nicht übertrieben sein, aber das schließt Beschwerden und Kritik nicht aus. Dagegen kann die Jungfrau einfach nicht an. Ein gespanntes Verhältnis, aber eine Ehe steht unter guten Aspekten, wenn Langeweile nicht zu früh einsetzt.

Jungfrau und Waage

Die liebevolle, zärtliche Waage fühlt sich vom kühlen, analytischen Wesen der Jungfrau zurückgestoßen. Mit ihrer übertriebenen Kritik untergräbt die Jungfrau das Selbstvertrauen der Waage. Der gelegentliche Leichtsinn der Waage mißfällt dem Jungfraugeborenen, der Unbesonnenheit nicht erträgt. Die beiden Zeichen haben wenig Gemeinsames. Ein schwieriges Verhältnis; eine Ehe zieht man besser nicht in Betracht.

Jungfrau und Skorpion

Diese beiden vertragen sich im Grunde sehr gut, auch wenn die Jungfrau das sexuelle Feuer des Skorpions zum Erlöschen bringen kann. Der Skorpion möchte die Sexualität der Jungfrau wecken, und sie wundert sich, daß er so draufgängerisch ist – können sie nicht ebensosehr Freunde wie Liebespaar sein? Wenn sich die Jungfrau auf einen Kompromiß einläßt, fügt sich der Skorpion. Ein interessantes Verhältnis mit guten Aussichten für eine dauernde Verbindung.

Jungfrau und Schütze

Die unbekümmerte Einstellung des Schützen zum Sex kann die Jungfrau zum Wahnsinn bringen. Ihr Verlangen nach Sicherheit kommt bei dieser Beziehung so sehr zu kurz, daß sie wirklich leidet. Der Schütze bemüht sich kaum oder gar nicht, die Bedürfnisse der Jungfrau zu verstehen, und verliert über ihrer vorsichtigen, prüden Einstellung zum Sexuellen die Geduld. Unweigerlich wird sich der Schütze nach einem anderen erotischen Ventil umsehen. Die beiden kön-

nen ein Wochenende miteinander verbringen, aber niemals
ein ganzes Leben.

Jungfrau und Steinbock

Die Jungfrau mag sich zum Steinbock hingezogen fühlen,
doch das Feuerwerk wird verpuffen. Sie findet, daß sie wegen der anderweitigen Interessen des Steinbocks die zweite
Geige spielt, und das kann zu einem Konflikt führen. Sonst
harmonieren die beiden Zeichen. Beide sind sehr praktisch,
emotionell zurückhaltend, sparsam, geistig aktiv. Ein Verhältnis könnte ziemlich langweilig sein, eine Ehe aber gut
und dauerhaft.

Jungfrau und Wassermann

Beide sehen in einer Liebesbeziehung eher einen intellektuellen Zeitvertreib als körperliche Betätigung. Diese ideale
Übereinstimmung wird durch andere Differenzen gestört.
Die Jungfrau ist in bezug auf Sex sittenstreng, der Wassermann neigt zu Seitensprüngen. Sie fühlt sich vernachlässigt,
er vermißt bei ihr spontane Reaktionen. Die Liebe wird mit
der Zeit eher abnehmen als wachsen. Ein realistisches Verhältnis; eine Eheschließung wäre unklug.

Jungfrau und Fische

Bei der Jungfrau ist Liebe eng verbunden mit Geborgenheit,
körperliches Bedürfnis mit geistiger Übereinstimmung. Bei
Fischen ist Liebe allumfassend, bildet den Mittelpunkt des

Lebens, des Ästhetischen, der Romantik und der emotionalen Regungen. Die umsichtige, disziplinierte Einstellung der Jungfrau zum Sex ist ganz verkehrt, wenn sie es mit den schwülstigen, uneingeschränkten Wünschen der Fische zu tun bekommt. Wenn die Zurückhaltung der Jungfrau nicht durchbrochen werden kann, ergibt sich eine kurzfristige, wenig beglückende Verbindung und eine unglückliche Ehe.

Waage

23. September – 22. Oktober

Die Waagefrau

Unter diesem Zeichen geborene Frauen fallen durch Schönheit und zarten Teint auf und durch eine ausgeprägte Ablehnung alles Unattraktiven. Sie haben einen Instinkt für Vornehmheit, Umgangsformen und Kleidung, benutzen sinnliches (und teures) Parfüm, lieben schönen Schmuck und umgeben sich gern mit Luxus. Sie bewundern Schönheit in all ihren Manifestationen, in Musik, bildender Kunst, Architektur – und Menschen. Ihre Wohnung hat immer ein elegantes Flair.

Diese anspruchsvolle Einstellung bezieht sich auch auf Männer. Ein Begleiter ist für die Waagefrau einem Brillantring ähnlich; er soll den Wert ihres eigenen Selbst erhöhen. Wer sich dazu nicht imstande fühlt, ist wohlberaten, wenn er dieser Frau aus dem Wege geht.

Sie sieht sich wie auf einem Bildschirm, auf dem sie alle ihre Bewegungen beobachten und sich an ihrer anmutigen Schönheit erfreuen kann. Dennoch ist sie nicht unkritisch. Sie möchte, daß ihr Bild ihrem hohen Maßstab entspricht und nimmt, wenn notwendig, Verbesserungen vor. Kein Wunder, daß Waagefrauen als Inbegriff des Charmes betrachtet werden.

Ihre Wankelmütigkeit läßt sich nicht bestreiten. Sie versteht, jeden anziehenden Mann, dem sie begegnet, an sich zu fesseln, zieht aber schon bald zu neuer Eroberung weiter. Sie kann schneller vergessen als ein Spiegel. Außer in ungewöhnlichen Fällen sind ihre Gefühle ziemlich oberflächlich und nicht von langer Dauer.

Da Venus ihr Sonnenzeichen regiert, versteht sich die Waagefrau auf die Liebeskunst.

Man vergesse jedoch nie ihre Abneigung gegen alles, was sie unattraktiv findet. Männer, die aus der Form geraten sind, einen Hängebauch oder schlaffe Arme haben und zu weibliche Brüste entwickeln, oder allzu knochenklapprig daherkommen, fallen in Ungnade, wenn sie sich aus den barmherzig bemäntelnden Kleidern schälen. Entweder schützt die Erkorene dann Migräne vor, oder sie schließt sich im Badezimmer ein. Sie dehnt ihren ästhetischen Anspruch bis auf die Liebeswerkzeuge eines Mannes aus!

Im allgemeinen zieht sie Künstler – Schauspieler, Sänger, Schriftsteller, Maler, Musiker – einem Geschäftsmann vor. Eine etwas scharfzüngige Waage drückte es einmal folgendermaßen aus: «Geschäftsleute hat Gott nur erschaffen, weil er jemand brauchte, der all die langweilige, phantasielose Arbeit in der Welt verrichtet.»

Nicht immer interessiert sich die Waagefrau für den Mann an sich. Hauptsächlich möchte sie bewundert werden. Sie mag einen Mann um sich brauchen, um ihr Ego streicheln zu lassen, doch im Brennpunkt steht nur sie selbst. Jede Gelegenheit ist für sie eine Fassung, und sie ist der Edelstein in der Mitte.

Sie mag nicht gehetzt werden. Es ist zwecklos, sie zu ermahnen, daß die Einladung zum Essen auf halb acht festgesetzt ist – es ist Viertel vor und sie ist immer noch mit dem Make-up beschäftigt; seelenruhig fährt sie damit fort. Jeder gesellschaftliche Anlaß ist für sie ja nichts weiter als eine Gelegenheit, um dabei als Star zu glänzen.

Damit hat sie nicht einmal unrecht, denn sie vermag daraus ein Ereignis zu machen. Sie tritt auf wie ein Komet, und ihre Begeisterung löst eine ähnliche Reaktion bei andern aus.

Wenn es nicht nach ihrem Kopf geht, kann sie kleinlich und nörgelig werden. Sie erwartet Perfektion und bauscht alle Mängel und Unvollkommenheiten auf, die ihr das Gewünschte versagen. Ein besonderes Schreckgespenst ist für sie die Erwähnung von Geld. Ihrer Ansicht nach ist Geld zum Ausgeben da – darüber redet man nicht. Gespräche über Geldfragen langweilen die Waagefrau. Ihr Interesse am Geld besteht nur darin, daß man damit schöne Dinge kaufen kann, Schmuck, Kleider, Pelze. Aus kalter barer Münze macht sie sich nichts.

Sie liest gern unterhaltsame Bücher, sieht gern einen Film mit Happy-End, bewohnt gern blumengeschmückte Zimmer, hört gern lyrische Musik. Im allgemeinen gelassen und heiter, kann sie unter Umständen unwiderstehliche Lebhaftigkeit entfalten. Die euphorische Stimmung findet ihr Gegenstück in Niedergeschlagenheit, die sie nur noch schwarzweiß sehen läßt.

In Kleinigkeiten ist sie eine Perfektionistin. Geringfügige Unordnung regt sie auf. Sie ist die Frau, die noch bei Schiffsuntergang die Deckstühle an Bord eines Schiffes ordentlich aufstellen würde.

Befehle sollte man ihr erst gar nicht geben. Sie wird sie doch nicht befolgen. Läßt man nicht locker, wird man ihren tiefsitzenden Eigensinn entdecken. Je mehr Druck, desto widerborstiger wird sie. Ein freundliches Wort und sanfte Überredung sind die einzigen Mittel, ihren Widerstand zu brechen.

Sie ist zwar äußerst weiblich, aber auch schlau, vage, schwerblütig. Je nachdem wie ihre Sterne stehen, kann ihre Unschlüssigkeit so weit gehen, daß sie passiv sitzenbleibt und auf Führung wartet wie ein Blinder auf einen Blindenhund.

Sie ist eine vielseitige, faszinierende, bewußte Betörerin.

Das Sexleben der Waagefrau

Das Schlüsselwort ist Dramatik. Wenn sie im durchsichtigen Nachthemd auftritt, hat sie um der besseren Wirkung willen das Licht hinter sich. Sie zielt auf Effekt ab, weil sie es genießt, die Reaktion des Liebhabers zu beobachten. Nach der Schäferstunde möchte sie hören, welche Wonnen er mit ihr erlebt hat.

Sie bevorzugt ein ausgedehntes Vorspiel. Wozu die Eile? Die Nacht ist für die Liebe da.

Sie genießt jegliche Art von Vorspiel, auch das mit Worten. Der Mann kann ohne weiteres ein Liebesgedicht aufsagen, sofern er es überzeugend tut und nicht ins Stottern gerät. Für sie ist Verführung eine Kunst, kein körperlicher Angriff. Eine wirklich erfolgreiche Bettszene ist ein beiderseitiger Triumph. Die Waagefrau ist keine Festung, die mit Gewalt genommen werden muß.

Weil sie ihres Sex-Appeals sicher ist, betont sie ihn oft nachdrücklich und ist auf unerwartete Weise herausfordernd. Die eine mag sich die Schamhaare in Herzform rasieren mit den Initialen ihres Liebhabers in der Mitte; die andere hängt sich baumelnde Perlenketten um, die bei jeder Bewegung sinnlich klingeln. Ihrem Sinn fürs Dramatische entsprechen Deckenspiegel und besondere Lichteffekte. Mit einer lasziven Massage ihrem ganzen Körper entlang ist man bei ihr immer gut beraten.

Frauen, die unter diesem Zeichen geboren sind, haben eine ungewöhnliche Kontrolle über ihre Vaginamuskeln. Sie können sie nach Belieben zusammenziehen und lockern und einen Mann damit wie in einer Falle fangen – der Falle der Venus. Die Waagefrau ist darin so geschickt, daß sie den Mann zum Höhepunkt bringen kann, ohne irgendeinen andern Muskel ihres Körpers zu bewegen.

Wenn man die Nacht mit ihr zusammen verbringt, darf man sie nicht zum Frühstück wecken. Sie schläft gern. Ein Brunch ist bei ihr angebrachter, vorzugsweise mit Sekt. Dabei kann man ihr sagen, wie herrlich die Liebesnacht gewesen sei. Danach kann man sie zu einer Wiederholung im Badezimmer anregen. Wie die Jungfrau liebt auch die Waage Reinlichkeit.

Eine Warnung: Auch im Bett lasse man die Finger von ihren Haaren. Was die Haare angeht ist sie überempfindlich.

Niemals animalisch vorgehen! Es fällt der Waagefrau leicht, ja zu sagen, wenn man sich ihr auf die richtige Weise nähert – dann sagt sie ja zu allem. Aber sie wird nein sagen, wenn der Mann wie ein brünstiger Bär daherkommt. Mag ihr Körper auch nach sexuellen Exzessen verlangen, ihr Gemüt fordert Mäßigung. Ein entschiedenes Nein kriegt derjenige zu hören, der sie schnell, schnell auf dem Rücksitz eines Autos nehmen will.

Sie ist ausgesprochen feminin und von Natur exhibitionistisch. Sie ist die Frau, die eine durchsichtige Bluse und keinen Büstenhalter trägt und einen Gang hat, bei dem ihre Brüste hüpfen. Man kann die Waagefrau am Strand und sogar in der Straßenbahn leicht daran erkennen, daß sie ungewöhnlich viel sehen läßt.

Sie verschenkt ihre Schönheit gern, wenn sie weiß, daß sie gewürdigt wird. Sie ist in ihren Körper verliebt, der ihrer Meinung nach dafür gemacht ist, gesehen und bewundert zu werden. Sie versteht es durchaus, wenn ein Mann nicht widerstehen kann, sie zu liebkosen.

Manchmal führt die Eigenliebe der Waagefrau zu Narzißmus, einer krankhaften Verliebtheit in den eigenen Körper. Bizarre Liebesspiele gefallen ihr und sie wird immer einen Weg finden, das Vergnügen zu verdoppeln und zu verdreifachen.

Oft wird die Waagefrau von fetischistischen Männern bevorzugt, besonders von jenen, deren Fetischismus sich auf einen bestimmten Körperteil bezieht. Die Waagefrau hat Verständnis für den Mann, der auf ihre Hände, Zehen, Knie oder sonst einen Körperteil fixiert ist. Für sie sind alle Teile ihres Körpers schön. Warum sollten sie dann nicht einen andern zu Begeisterung hinreißen.

Der Waagemann

Der im Zeichen der Waage geborene Mann strebt nach Gleichgewicht und Harmonie. Das Leben mag eine Schaukel sein, einmal hin, einmal her, aber er kann das nicht akzeptieren; er muß hin und her rennen, um das Gleichgewicht zu finden. Seine empfindsame Natur ist am glücklichsten, wenn die Welt ringsum in Ordnung und heiter ist.

Gewöhnlich ist er kein athletischer Typ; aus sportlichen Veranstaltungen macht er sich nichts. Setzt man ihn jedoch vor ein Brettspiel – Schach, Backgammon oder Scrabble –, so ist er mit Vergnügen dabei.

Er ist ein guter Gesprächspartner und erwartet vom andern dasselbe. Da muß man sich also anstrengen. Wer Picasso nicht von Beethoven unterscheiden kann, soll sich gar nicht erst mit ihm einlassen.

Er ist freundlich, hat ein ausgeprägtes Gerechtigkeitsgefühl und gibt jedem eine Chance. Er ist taktvoll, diplomatisch und hat Sinn für Humor. Da er von Natur friedlich und liebevoll ist, nimmt er Ungerechtigkeiten sehr übel.

Im Beruf ist er ein wunderbarer Vorgesetzter und Mitarbeiter. Er befürwortet Anpassung und Kompromisse, wenn es sich darum handelt, gegensätzliche Parteien zu versöhnen. Doch da es ihm schwerfällt, sich sofort und direkt zu entscheiden, neigt er dazu, schwierige Entscheidungen aufzuschieben. Oft braucht er einen Partner, der unersprießliche Aufgaben für ihn erledigt.

Bei geschäftlichen Unstimmigkeiten zieht er es vor, das Problem auf unparteiischer Ebene lösen zu lassen, vielleicht durch eine Kommission; natürlich will er dann der Kommission angehören. Da aber niemand besser imstande ist, Schwierigkeiten zu glätten, Spannungen zu beheben und Erzürnte zu beschwichtigen, wird die Kommission zu der Entscheidung gelangen, die er von Anfang an gewünscht hat.

Das ist nämlich der Haken: Der Waagemann will unbedingt seinen Kopf durchsetzen, gleichzeitig aber vermeiden, ein Urteil zu fällen oder persönlich hineinverwickelt zu werden. Geht es nicht nach seinem Kopf, so wird man hinter seinem vernünftigen, verbindlichen, toleranten Äußeren einen ganz anderen Menschen entdecken.

Er hat sehr richtige Intuitionen – man versuche ja nicht, ihn zu täuschen, oder ihm Sand in die Augen zu streuen. Er kennt die Realität der Dinge, und wenn es darum geht, Motive zu durchschauen, hat er Röntgenaugen.

Doch wenn er einen Menschen durchschaut, wird er sich bemühen, dessen Beweggründe zu verstehen. Und er wird nicht gefühlsduselig werden. Er macht nicht gern Szenen.

Der Waagemann liebt Schönheit in Architektur, Malerei, Musik, Theater – und bei Frauen. Beim Umwerben benutzt er Charme als Waffe. Er versteht sich zwar darauf, eine Frau für sich zu gewinnen, aber er hat ein Problem: Wenn sie bereit ist, weiß er nicht recht, ob er sie haben will oder nicht.

Die Ursache seiner Unschlüssigkeit kommt daher, daß er das Für und Wider des richtigen Augenblicks abwägt. Alles muß vollkommen sein. Der geringste Zweifel läßt ihn erneut alle Register ziehen. Manche Frauen lieben das so sehr, daß sie die Qual absichtlich verlängern.

Jedenfalls sollte man die Hoffnung nicht aufgeben, sondern ihn wissen lassen, daß man ihm sehr zugetan ist. Wer den Waagemann ins Bett zu locken weiß, wird erfahren, daß sich das Erlebnis lohnt. Hier ist der Waagemann entschlossen. Er will seine Liebste befriedigen – und wenn es die ganze Nacht dauert!

Seiner Überzeugung nach sind Mann und Frau im Bett gleichberechtigt, und er hat die Geduld, ihre Bedürfnisse zu stillen. Die Lichter müssen gedämpft sein, vulgäres Verhalten ist nicht am Platz. Die Frau braucht nur anzudeuten, was sie wünscht und wie sie es wünscht.

Im allgemeinen reagiert der Waagemann leicht auf Lob und Schmeichelei. Mit gutgewählten Komplimenten kann man ihn zu fast allem verlocken. Es ist ihm in tiefster Seele zuwider, die Gefühle eines andern zu verletzen, und gewöhnlich ist er einer aggressiven Frau auf Gnade und Ungnade ausgeliefert.

Für die Frau, die weiß, was sie will, ist es ein Kinderspiel, es von ihm zu erhalten. Er verliebt sich nur allzu leicht, kann sich dann aber nur schwer aus den Verstrickungen lösen, weil er Gefühlsausbrüche haßt. Die Frau, die ihm eine Szene macht, hat den Streit bereits gewonnen, bevor er beginnt.

Für Mädchen interessiert er sich schon in frühem Alter – ein Interesse, das sein Leben lang anhält – aber er ist auch für die Ehe geboren. Es ist leicht, ihm den Kopf zu verdrehen; doch die Pläne für die Hochzeit sollte man ohne ihn schmieden. Er gibt sich nicht gern mit Einzelheiten ab; sie machen ihn nervös.

Am glücklichsten ist er, wenn die Frau Gleichmut entfaltet, ohne allzu viele Höhen und Tiefen der Gefühle. Es fällt ihm ein wenig schwer, zwischen Freundschaft und Liebe zu unterscheiden; aber er will besitzen. Die Frau darf nicht mit andern Männern flirten!

Er liebt seine Frauen gut angezogen, mit langen Haaren und feuchtschimmernden Lippen. Ein guter Tip: Wenn ihm das Ausziehen leicht gemacht wird, kann er schwer widerstehen.

Das Sexleben des Waagemannes

Zwar muß die Frau die Führung ergreifen, aber sie darf nicht vergessen, daß er gefällig sein möchte und nichts unversucht lassen wird. Er ist fast überbesorgt, daß sie zum Orgasmus gelangt, und beim richtigen Echo kann er recht ungehemmt werden. Er reagiert wunderbar, wenn man sachte seine Hodensäcke streichelt.

Man darf jedoch nicht ungeduldig werden. Wird er gehetzt, stellt es ihm einfach ab, und das Malheur ist da! Je leidenschaftlicher eine Frau ist, desto vorsichtiger muß sie vorgehen.

Seine Verspieltheit kann zu einem aufregenden Vorspiel führen, wenn man ihn einfach gewähren läßt und es genießt. Die Kombination von Liebeskunst und Ruhe garantiert volle Befriedigung. Er kennt die weibliche Anatomie, hat eine lebhafte erotische Phantasie und die richtigen Intuitionen.

Sein wenig athletischer Körperbau trügt. Der Waagemann hat Ausdauer. Er ist langsam, aber stetig, und wahrscheinlich wird seine Partnerin als erste befriedigt seufzen.

Im Grunde genießt er die Liebe nur, wenn keine Gewöhnlichkeit dabei ins Spiel kommt. Er versteht sich auf Liebkosungen, und bevor er sie diskret entkleidet hat, ist seine Partnerin schon entflammt. Beim Vorspiel ist er geduldig, zärtlich und phantasievoll. Er läßt sich nicht hinreißen, nicht so lange es noch eine ganze Welt der Sinne zu entdekken gibt. Bei der Sache selbst ist er dann zielbewußt, kraftvoll und hat mehr Ausdauer, als irgendeine Frau verlangen kann.

Sex ist für ihn ein abgerundetes Erlebnis, nicht bloß ein rasches Getümmel im Bett. Er weiß, was die Frau empfindet, wenn er Finger und Zunge betätigt und so mit ihrem Körper spielt, wie ein Künstler auf seinem Instrument. Seine bevorzugte Technik: Mit leichter Zunge den Damm zwischen Vulva und Anus streicheln. Das läßt keine Frau kalt!

Wer sich dabei entspannt und die Empfindungen ohne Ungeduld genießen kann, ist seine ideale Partnerin. Wem das Vorspiel denn doch zu lange dauert, der mag die Führung übernehmen; aber es muß sehr subtil geschehen. Der Waagemann mag nicht im Schlafzimmer herumkommandiert werden.

Pannen mit der Pille oder anderen Verhütungsmitteln bringen ihn nicht aus dem Gleichgewicht. Er stellt sofort auf oralen Sex um, auf Masturbieren, oder findet Erleichterung zwischen den Brüsten seiner Partnerin. Alles, was ihr Spaß macht, ist auch für ihn Vergnügen. Aber er will genau wissen, was von ihm erwartet wird, bevor Spiel und Spaß beginnen, dann wird er vor nichts haltmachen.

Treu ist er nicht. Weil er selten tiefe Gefühle hegt, sind seine meisten Liebesbeziehungen oberflächlich. Er sieht nichts Schlimmes darin, mit zwei Frauen gleichzeitig ein Verhältnis zu haben.

Seine Neigung zum Voyeurismus kann sich auf verschiedene Weise ausdrücken. Mit Vergnügen sieht er anderen Paaren bei ihren Liebesspielen zu, einerlei ob Männlein, Weiblein oder beides. Er sieht sich auch gern im Spiegel selbst zu, oder er setzt sich und seiner Partnerin eine Maske auf, um so die Illusion zweier fremder Menschen zu schaffen.

Er hat Freude an Körperbemalung. Mit feinem Pinsel bemalt er zierlich bestimmte Körperpartien und wird dabei höchlichst erotisiert. Manche Waagemänner nehmen die Szene im Schlafzimmer auf Tonband auf und spielen es genußvoll. Sie sind Kenner von erotischem Raffinement und lieben dabei ausgefallene Variationen.

Waagemänner wirken auf Frauen sehr anziehend – unter diesem Zeichen sind viele Gigolos geboren –, ebenso auch Homosexuelle. Weil die Waage-Persönlichkeit so subtil ausbalanciert ist, ist dieser Mann oft bisexuell.

Sein unbeschwertes und tolerantes Wesen ist allen Sexvarianten zugänglich. So findet er sich leicht plötzlich in einem Dreiecksverhältnis, wobei er ohne weiteres mit den beiden andern des Trios zur selben Zeit ein Einzelverhältnis haben kann.

Wegen seiner häufigen sexuellen Abstinenz – er wartet, bis ihn die Stimmung überkommt – kennt er viele Variationen der Selbstbefriedigung und ersinnt alle möglichen Mittel und Wege, seine Phantasie anzuregen.

Erogene Zonen

Kreuz und Hinterteil sind die empfindsamsten Körperteile der Waagegeborenen. Beim Tanzen oder Nebeneinanderhergehen kann man sie entwaffnen, indem man mit der Hand leicht über ihr Kreuz streicht. Beim intimeren Zusammensein braucht man nur das Hinterteil zu liebkosen, und die echte Waage wird in Flammen stehen.

Der Waagemann gerät in größte Erregung, wenn er die steifen Brustwarzen seiner Partnerin im Kreuz fühlt. Diesen Trick braucht man nur einmal anzuwenden!

Bei allen Waagegeborenen sind die Pobacken eine höchst

empfindliche erogene Zone. Waagefrauen lieben es, wenn sie dort liebkost, spielerisch getätschelt oder gekniffen werden. Sie lieben auch Stellungen, bei denen ihr Partner die Hinterbacken sehen kann. Gewöhnlich erkennt man die Waagefrau an ihrem besonders wohlgeformten und schöngerundeten Hinterteil.

So fängt es an

Waagegeborene brauchen Bewunderung. Man reiche ihnen Komplimente auf einem Silbertablett, und sie werden sie begierig schlucken. Aber man darf nicht den Fehler begehen, sie allzu aufdringlich und geflissentlich zu servieren. Sie müssen aufrichtig gemeint sein, dürfen nicht nach Routine oder Klischee schmecken. Der kluge Waagemann hört es gern, wenn sein Aussehen gelobt wird, die schöne Waagefrau, wenn ihr ein Kompliment über ihre Intelligenz gemacht wird. Ihre augenfälligen Vorzüge kennen sie selbst, und es langweilt sie, deswegen bewundert zu werden. Das Kompliment sollte nicht wiederholen, was sie schon hundertmal gehört haben.

Als Eröffnungsthema eignen sich alle Arten von Neuigkeiten. Die eigene Meinung muß man energisch vertreten. Waagegeborene nehmen Widerspruch nicht übel; es interessiert sie glühend, eine Frage von mehreren Seiten zu betrachten. Ein Hinweis: Gewöhnlich nehmen sie Partei für die Benachteiligten. Sie sympathisieren mit den Nichtprivilegierten und den Minderheiten.

Nicht zu vergessen: Die Waage liebt Luxus. Ein Geschenk sollte etwas Bleibendes sein, aus echtem Silber, Gold, Kristall. Die Waagefrau schwärmt für dekorativen Schmuck.

Bei gemeinsamen Unternehmungen darf das vulgäre

Geldproblem nicht aufs Tapet kommen. Bei der Wahl eines Lokals, eines Konzerts oder einer Ausstellung sollte man zeigen, daß man guten Geschmack hat.

Wichtig ist die Umgebung. Waagegeborene reagieren auf Atmosphäre. Man muß dafür sorgen, daß die Waage von Schönheit und «Klasse» umgeben ist.

Und wenn der Moment aller Momente kommt, muß das Drum und Dran der Situation entsprechen. Darauf sollte man einige Überlegungen verschwenden. Musik ist eine große Hilfe, und Champagner. Die Waage liebt Schönheit und will in Schönheit lieben!

Das Ende der Affäre

Schwer ist es nicht, Schluß zu machen. Es gibt ja so viele Möglichkeiten, eine Waage zu vergrämen.

Man setzt Fett an, kleidet sich nachlässig, bevorzugt überfüllte, lärmige Lokale, redet über alberne Dinge, bricht einen Streit vom Zaun.

Man beklagt sich über die extravaganten Ausgaben und besteht darauf, die finanziellen Angelegenheiten in die eigene Hand zu nehmen, um der Verschwendung einen Riegel vorzuschieben.

Man nörgelt über verpaßte Rendez-vous und stellt ein Ultimatum.

Man öffnet ihre Briefe. Was Waagegeborene als schlimmen Einbruch in ihr Privatleben betrachten und unverzeihlich finden.

Man sagt keine Liebenswürdigkeiten mehr und verzichtet auf Komplimente. Das Essen wird lieblos zubereitet, die Bettwäsche zu selten gewechselt. Beim Lieben zeigt man sich lustlos und treibt den Partner zur Eile an.

Man krittelt. Wenn der Waagegeborene darauf mit seiner üblichen Toleranz reagiert, übertreibt man die Kritik bis zur Aggressivität.

Man beschwert sich über das Essen. Waagegeborene – Männer wie Frauen – sind stolz auf ihre Kochkunst.

Wenn das alles noch zu lange dauert oder sich als zwecklos erweist, bleibt ein sicheres Mittel: Man werde beim nächsten Streit handgreiflich. Wahrscheinlich genügt schon die Drohung. Es endet damit, daß man gegen die Wand redet.

Die Waage ist gegangen.

Wer mit wem, wie und warum

Waage und Widder

Diese Beziehung leidet an unterschwelliger Spannung. Der Widder ist draufgängerisch und ruhelos, wohingegen die Waage Vollkommenheit sucht und friedliche Gefährten braucht. Die grundlegende Verschiedenheit der Temperamente führt zu unvermeidlichen Zwistigkeiten. Aber das sexuelle Verhältnis sollte gut sein. Schönes Schlafzimmer, dürftiges Wohnzimmer lautet die Prognose. Das ergibt ein annehmbares Verhältnis und eine unersprießliche Ehe.

Waage und Stier

Der Stier ist für die romantische Waage allzu possessiv und erdhaft. Die Waage dürfte bald einen sehr eifersüchtigen Gefährten neben sich haben. Aber in körperlicher Hinsicht stimmen sie überein, und das hilft. Die Waage ist rücksichts- und verständnisvoll und wird mit dem Naturell und dem

Eigensinn des Stiers fertigwerden. Ihre Neigung zu Unbeständigkeit könnte den Stier wild machen. Viel Spaß und Spielerei, aber eine dauerhafte Ehe ist eher fraglich.

Waage und Zwillinge

Beiden fällt es schwer, ihre Gemütsbewegungen zu zügeln. Liebe läßt die Welt sich drehen, aber dieses Paar bringt sie zum Kreiseln. Abgesehen von diesem Problem ist es die ideale Verbindung. Beide sind leidenschaftlich, keiner ist besonders eifersüchtig oder besitzergreifend. Sie haben viele Charakterzüge gemeinsam und verstehen sich im Bett großartig. Ein schönes Verhältnis und eine warme, glückliche Ehe.

Waage und Krebs

Der Krebs kann überkritisch sein, besonders im Hinblick auf die Verschwendungssucht der Waage. Der Krebs bleibt gern in seinen vier Wänden, die Waage geht gern auf Wanderschaft. Der Krebs ist praktisch und haushälterisch, die Waage ist impulsiv und liebt das, was sich mit Geld kaufen läßt. Hier gibt es nicht viel Übereinstimmung. Der zutiefst liebevolle und vertrauensselige Krebs wird durch die oberflächlichen Gefühle und die Unbeständigkeit der Waage vor den Kopf gestoßen. Ein erträgliches Verhältnis, eine unerträgliche Ehe.

Waage und Löwe

Diese beiden ergänzen sich in Wünschen und Bedürfnissen.
Der Löwe ist leidenschaftlich, die Waage demonstrativ – und
beide lieben Sex. Im Schlafzimmer herrscht Sonnenschein.
Wenn ihre Ichsucht aufeinanderprallt, muß allerdings die
Waage nachgeben. Das dürfte nicht allzu schwierig sein,
denn die Waage ist im allgemeinen nachgiebig. Strategie und
Takt sind ihre Waffen. Aus einem stürmischen Liebesver-
hältnis kann eine glückliche Ehe werden.

Waage und Jungfrau

Die Jungfrau lebt nach Reglement, und das ist nicht Sache
der Waage. Noch andere charakterliche Fallgruben treten in
Erscheinung. Die Jungfrau ist sparsam und interessiert sich
unter Umständen mehr für Geld- als für Sexfragen. Das findet die Waage unverzeihlich. Die Jungfrau kann auch krit-
teln und nörgeln, sogar diktatorisch sein. Wenn die Waage
ihr das verargt, schaut sie sich anderweitig um. Ein zweifel-
haftes Verhältnis, eine sehr schwierige Ehe.

Waage und Waage

Sie reagieren mit gleicher Leidenschaft aufeinander, und sie
haben vieles gemeinsam. Sie sind heiter, gesellig, zärtlich,
lieben Harmonie und Schönheit. Aber wenn der erste
Rausch vorüber ist, meldet sich die harte Wirklichkeit. Keiner der beiden mag aus den Wolken fallen. Sex könnte zur
Routine werden. Eine Affäre geht sicher gut, eine Ehe würde
Reife und eine sachlichere Einstellung erfordern.

Waage und Skorpion

Der Skorpion ist für die unbekümmerte Waage zu eifersüchtig. Die berüchtigte Eifersucht des Skorpions duldet nicht einmal kleine Liebeleien. Die Unbestimmtheit der Waage in sexuellen Dingen bringt den Skorpion zur Weißglut. Der Skorpion muß dominieren, die Waage zusammenarbeiten. Es besteht ein gut Teil körperlicher Magnetismus, aber ein magnetisches Feld kann eine Explosion bewirken. Ein leidenschaftliches stürmisches Verhältnis. Eine Ehe wird nicht anders aussehen.

Waage und Schütze

Der Schütze hat einen starken Hang zum Abenteuerlichen und wird die Waage nie langweilen. Die Liebeleien der Waage belustigen den toleranten Schützen nur. Die beiden harmonisieren in sexueller Hinsicht. Das Problem liegt im Widerstreben des Schützen, seßhaft zu werden, und in seinem Bedürfnis nach Unabhängigkeit. Wenn sie mit diesen Differenzen fertig werden, bestehen gute Aussichten sowohl für eine kurz- als auch für eine langfristige Beziehung.

Waage und Steinbock

Der Steinbock hat große körperliche Anziehungskraft für die Waage, die ihrerseits seine Begabung fürs Geldverdienen nützlich findet. Aber die eher faule Art der Waage geht der verbissenen Arbeitshaltung des Steinbocks gegen den Strich, und die Waage fühlt sich durch seine praktische Nüchternheit frustriert. Er findet an ihrem Hang zur Geselligkeit keinen Gefallen. Zu viele charakterliche Konflikte für eine Ehe; ein Verhältnis wird wohl nicht von langer Dauer sein.

Waage und Wassermann

Die beiden sollten glänzend miteinander auskommen. Die Waage sieht im Wassermann einen Führer in ein abenteuerliches Leben. Sie genießen Geselligkeit und werden in der Öffentlichkeit eine Rolle spielen. Sie haben viele gemeinsame Freunde, fühlen sich aber auch frei, ihren eigenen besonderen Interessen nachzugehen. Und sie werden sich wunderbar lieben – auch wenn sie vergessen, das Bett zu machen! Eine sehr sexbetonte Affäre, und die besten Aussichten für eine anregende Ehe.

Waage und Fische

Eine komplizierte Verbindung. Der Waage gefallen zwar die Sanftmut, Empfindsamkeit und Unterwürfigkeit der Fische, aber das Fischezeichen ist nicht dominant, und die Waage mag die erforderte feste Führerschaft nicht übernehmen. Mit der Zeit verübelt die Waage dem Fisch die anklammernde Abhängigkeit, und der Fischegeborene verargt ihr die vielen anderen Interessen. Wenn die Waage zu einem Zankteufel wird und auf dem Fischegeborenen herumhackt, ist er todunglücklich. Traurig für ein ernsthaftes Verhältnis und noch trauriger für eine Ehe.

Skorpion

23. Oktober – 21. November

Die Skorpionfrau

Sie könnte ein Buch darüber schreiben, wie eine Frau sich bewegen, reden und aussehen muß, wenn sie einen Mann bezaubern will. In ihr schwelt das Verlangen nach Wollust, und nur ein Mann mit geringer Libido kann sich ihrer erotischen Ausstrahlung entziehen. Ohne ein Wort zu sprechen, drückt sie Sex in allen Sprachen und Dialekten aus.

Wenn sie einem attraktiven Mann begegnet, weiß sie genau, wie sie ihn aus der Herde auszusondern hat, und es dauert nicht lange, bis er so geblendet ist, daß er keine andere Frau mehr sieht. Er ist wohlberaten, wenn er sich nicht wehrt. Es wird kein Seilziehen geben, sondern es handelt sich um unwiderstehliche Kraft auf der einen und um einen leichtbeweglichen Gegenstand auf der andern Seite. Mag sie auch nicht besonders hübsch sein, der Blick ihrer hypnotischen Augen ist bannend. Der Mann erfährt, wie sich das Kaninchen fühlt, wenn es von einer Kobra hypnotisiert wird.

Einen geizigen Gefährten mag sie nicht. Sie möchte stets erster Klasse fahren, und man tut gut daran, ohne Wimpernzucken zu bezahlen. Der Mann darf nicht zeigen, daß ihn die Nachlässigkeit, mit der sie mit seinem Geld umgeht, bestürzt. Sonst sind er und sein Geld bald vergessen.

Sie hat genügend Tatkraft für mehrere Frauen. Sie arbeitet und spielt gern hart. Bei jeder Tätigkeit neigt sie zum Exzeß. Sie kann faszinierend, aber auch ermüdend sein. Langweilen wird man sich nie mit ihr, doch sich vielleicht nach einem ruhigeren, friedlichen Dasein sehnen.

Sie nimmt die Liebe ernst. Wie der Skorpionmann ist sie ihren Leidenschaften ausgeliefert. Aber das bezieht sich nicht immer auf Sex, ihre Leidenschaft fürs Leben besteht unabhängig vom Mann. Das macht sie für Männer unwiderstehlich, die sie gern unterwerfen und an sich binden würden. Selbst wenn es ihnen gelingt, können sie nicht zur verborgenen Tiefe ihrer Sinnlichkeit vordringen.

Im Bett ist sie anspruchsvoll, und viele Männer sind ihren Forderungen nicht gewachsen. Sie bringt wenig Geduld für jemand auf, der ihrem Maßstab nicht entspricht oder sich als Bluffer entpuppt. Andererseits versteht sie sehr gut mit denjenigen umzugehen, die lediglich an psychischen Hemmungen leiden, und beim Impotenten kann sie Wunder vollbringen, wenn die Impotenz psychisch bedingt ist. Das ist kein Altruismus. Ihres Erachtens tut sie nur, was notwendig ist, um ihm neu zu helfen, sie zu befriedigen.

Sie ist ein kluges Köpfchen und mit erheblicher Intuition begabt. Überkritisch und abschätzend unterzieht sie sowohl ihre Freunde als auch ihre Liebhaber einer längeren Prüfung, bevor sie sie in ihr Leben einplant. Sie durchschaut die Beweggründe anderer, während sie selbst undurchdringlich bleibt. Ihr wahrer Charakter ist nicht leicht zu ergründen und kann unter Umständen immer ihr Geheimnis bleiben.

Sie ist eigensinnig und will ihren Kopf durchsetzen. Hartnäckig verfolgt sie ihr geheimes Ziel, indem sie jeden Schritt vorausplant und nicht lockerläßt, bis sie es erreicht hat. Es erfordert Willenskraft und äußerste Entschlossenheit, sich ihr zu widersetzen, denn sie weiß, was sie will, und erreicht es mit nie erlahmender Kraft. Sie läßt sich weder ablenken noch ist sie bereit, sich veränderten Umständen anzupassen.

Eine Warnung: Wenn ihr Gefühlsleben frustriert wird, kann sie rachsüchtig und destruktiv werden. Die betrogene Skorpionfrau ist ein höchst gefährlicher Feind. Kein Weib kann in größere Wut geraten. Wenn sie sich an einem Menschen rächen will, der ihr Vertrauen getäuscht hat, kennt sie keine Skrupel. Sie will den Elenden nicht nur bestrafen, sondern auch demütigen und degradieren.

Eifersucht ist ihr schlimmster Fehler. Sie erwartet von ihrem Geliebten, daß er seine ganze Bewunderung ihr vorbehält. Sie findet Rivalinnen und Intrigen, wo es gar keine gibt. Wenn ihr Begleiter auf einer Gesellschaft ein paar Minuten mit einer attraktiven Frau unter vier Augen spricht, wittert sie bereits Verrat und handelt dementsprechend. Sie ist nicht der Typ, der still dabeisteht und vorgibt, nichts gesehen zu haben. Sie braust als rächende Furie los.

Sie verachtet Schwäche, verachtet jeden, der unter Druck nachgibt. Für solche Menschen hat sie das Mitleid eines Mittelstürmers, der jede Bresche in der Verteidigung des Gegners entdeckt. Wer ihr nahebleiben will, muß etwas einstekken können.

In wohlgesonnener Stimmung behandelt sie ihren Geliebten fürstlich. Aber wenn ihre Laune umschlägt – und das wird der Fall sein –, piesackt sie ihn bis aufs Blut. Bei Streitigkeiten macht sie sich laut Luft. Wenn der Zwist nicht vor dem Abschied beigelegt worden ist, hüte man sich, sie am nächsten Tage anzurufen, als ob nichts geschehen wäre. Man wird sich vorkommen, als wäre man falsch verbunden.

In einem Punkt kann man sicher sein: Sie ist dem Mann, den sie liebt, gefühlsmäßig zutiefst zugetan und ihm unverbrüchlich treu. Sie bringt jedem, der ihre Zuneigung errungen hat, große Opfer. Wenn ein Mann ihr auf halbem Weg entgegenkommt, gehört sie ihm für immer.

Die Skorpionfrau ist eine treue Geliebte, die den Auserkorenen vor aller Welt verteidigt, unter den schwersten Umständen für ihn kämpft und sich den Teufel darum kümmert, was andere über ihn sagen oder von ihm denken. Aber er darf nicht wanken und nicht weichen, sonst wendet sie sich gegen ihn.

Eine Ehe mit ihr? Wie man sich wohl vorstellen kann, wird sie der Himmel oder die Hölle sein. Einen Mittelweg gibt es nicht. Man merke sich: Dies ist das extremste Zeichen des Tierkreises. Sie ist eine großformatige Frau. Schwachherzige gehen ihr besser aus dem Weg.

Das Sexleben der Skorpionfrau

Eine lange Nacht steht bevor. Man teile seine Kräfte ein!

Sie mag damit beginnen, ihm herausfordernde Obszönitäten ins Ohr zu flüstern. Schon das Reden über Sex führt sie zum Orgasmus. Sie ist diejenige, die auf das übergroße Wasserbett oder die riesige runde Lotterwiese ohne Kopf- und Fußende steht, wo man bequem jede Stellung einnehmen kann. Sie ist im Schlafzimmer eine Aktivistin. Sie wird alles tun, die Nacht zu einer denkwürdigen Erinnerung zu machen.

Sie hat einen Forscher- und Experimentiergeist. Einerlei, wie groß die sexuellen Erfahrungen ihres Liebhabers sind, sie wird ihn mit ihren ungestümen Unternehmungen überraschen. Sie möchte, daß er Sex ebenso genießt wie sie selbst, und sie genießt ihn mit einer Intensität, die an Ekstase grenzt. Kein Zeichen ist sinnlicher als der Skorpion.

Da sie durch und durch erotisch und anspruchsvoll ist, braucht sie zur vollständigen Erfüllung einen ebenbürtigen Partner. Ein technisch einwandfreies Vorgehen ist jedoch nichts für sie. Ihr Verhalten wird ganz vom Instinkt geleitet. Kein Buch kann sie davon überzeugen, daß Sex lediglich ein System von Joga-Übungen sei. Sie würde sogar lieber mit einem schlechten Liebhaber als mit einem guten Buch ins Bett gehen.

Sie schmeichelt dem Ich eines jeden Mannes. Wenn sie körperlich erregt ist, zeigt sie es, wodurch seine Leidenschaft angeheizt wird. Sie hat gern ausgedehnte Liebesspiele und vermag einem allzu impulsiven Mann ihre eigenen Wünsche aufzuzwingen. Denn sie weiß, daß Erotik aus viel, viel mehr besteht als aus dem eigentlichen körperlichen Akt. Sogar die kleinsten Einzelheiten sind wichtig, und sie wird ihm deren Bedeutung bewußt machen.

Mag die Skorpionfrau nach außen hin auch wie eine vollkommene Dame aussehen, in der Intimität des Schlafzimmers wird sie sich ganz gehenlassen und nur genießen wollen. Wenn ein Mann sie interessiert, verfolgt und verführt sie ihn entschlossen, und sie läßt ein Nein nicht gelten.

Die Kontrolle des Höhepunkts ist für sie sehr wichtig, und sie wird jede Methode anwenden, die dazu dient, die Potenz des Mannes zu erhalten. Sie greift dann auch ungeniert zu den dem drängenden Reiz entgegenwirkenden Mitteln, um zu verhindern, daß der Höhepunkt allzu schnell erreicht wird. Vibrationsgeräte, Gleitsalben, wohlduftende Öle – ihr ist alles recht. Sie ist nicht wählerisch, wenn es um die Erreichung ihres Ziels geht – und dieses Ziel ist immer ihr eigenes Vergnügen.

Das Feuer der einmal entflammten Skorpionfrau ist schwer zu löschen. Sie will mehr, als der Mann zu geben vermag, und sie weiß ihn dazu zu bringen, daß er mehr gibt.

Sie ist sehr unglücklich, wenn sie glaubt, daß ihr Partner nicht mitspielt.

Die Skorpionfrau will ihren Partner beherrschen, was manchmal bis zu lesbischem Liebesspiel mit einem männlichen Bettgefährten führen kann. Sie schreckt dann auch vor künstlichen Mitteln nicht zurück.

Durch ihr Verlangen nach willfährigeren und passiveren Partnern werden Skorpionfrauen öfters in lesbische Affären getrieben. Sie sind dann der männliche Teil, und sie übernehmen die Rolle des Mannes nicht nur in sexueller Hinsicht, sondern auch auf andern Lebensgebieten.

Wie auch immer, die Skorpionfrau diktiert ihrem Sexpartner ihre Wünsche – und die gehen weit über das Übliche hinaus.

Der Skorpionmann

Der Mann, der im Zeichen des Skorpions geboren ist, wird von seinen Genitalien beherrscht. Er ist leidenschaftlich, emotionell, unberechenbar. Sein Wesen wird von seinen Begierden bestimmt, und um sie zu stillen, nimmt er jede Herausforderung an, stellt er sich jedem Hindernis. Er rechnet auch nicht mit den Folgen. Mögen andere ihn einen herzlosen Don Juan nennen, ihre Meinung hemmt seine ruhelose Suche nach sexuellen Abenteuern nicht.

Es ist leicht zu verstehen, warum die Menschen von ihm angezogen werden wie Stahlspäne von einem Magneten. Sie reagieren auf seine geradezu hypnotische Sinnlichkeit. Er vereint zu gleichen Teilen Charme und Charakterstärke. Er scheint so viel Tatkraft zu haben, daß er sie an die Atmosphäre abgibt. Sie umgibt ihn wie ein Nimbus, wo er geht und steht.

Für eine Frau ist es jedoch gefährlich, einem Skorpionmann allzu nahe zu kommen. Seine schwelende Sexualität kann völlig unerwartet explodieren. Er gibt sich kaum Mühe, sich zu beherrschen. Zurückhaltung ist ein Wort, das er nicht kennt. Wer flirten will, ohne die Folgen auf sich zu nehmen, der bleibe diesem Mann fern. Er müßte ein Schild «Achtung Hochspannung» um den Hals tragen.

Ein Liebeserlebnis mit ihm kann in größte Höhe der Leidenschaftlichkeit oder in Verderbnis führen. Die Frau, die von einem Skorpionmann begehrt wird, kann sich entweder freuen oder hat einiges zu befürchten. Nichts wird ihn von der Verfolgung seines Zieles abhalten, denn er ist das Opfer seiner Begierde. Beim gemeinsamen Liebesspiel kann er ein feuriger Partner sein, der in allem schwelgt, was sie erregt. Wenn sie sich von ihm nicht umwerben und erobern lassen will, tut er buchstäblich alles, nimmt jedes Risiko auf sich, scheut vor nichts zurück, um sie dazu zu bringen, sich ihm hinzugeben.

Der Skorpionmann vergißt nie eine Freundlichkeit, verzeiht nie eine Beleidigung, und wird er verletzt, so sinnt er nur noch auf Rache. In seine zwischenmenschlichen Beziehungen mischen sich gewöhnlich Streit und Hader, und er kann zeitenweise gewalttätig werden. Er schafft sich allzu leicht Feinde – doch mögen sie vor ihm auf der Hut sein! Bei jedem Konflikt ist er ein Gegner, vor dem man sich in acht nehmen muß. Er ist heftig, halsstarrig und nachtragend. Wer mit einem Skorpion zu tun bekommt, muß darauf gefaßt sein, außerordentliche Anstrengungen zu unternehmen, um den Frieden zu wahren. Barmherzigkeit ist nicht Sache des Skorpions, ebensowenig der Ausweg eines Kompromisses. Man überlege es sich zweimal, bevor man ihn zum Kampf herausfordert, denn er kämpft wirklich auf Leben oder Tod. Bei einem Streit setzt er alles aufs Spiel, das heißt, er spielt um alles oder nichts – soll der Teufel den Verlierer holen!

Seine Beweggründe scheinen kompliziert und mysteriös zu sein, denn seine Persönlichkeit hat eine verborgene, geheime Seite. Er ist dynamisch und anmaßend, steht aber treu zu seinen Freunden. Er möchte unabhängig sein, braucht aber einen Menschen, an den er sich anlehnen kann. Obwohl er selbst in emotioneller Hinsicht labil ist, verachtet er Schwäche bei andern.

Er neigt dazu, seine Tatkraft in Vergnügungen zu vergeuden, in die er sich Hals über Kopf stürzt, und oft wird er alkohol- oder drogensüchtig. Immerhin hat er eher als andere die Möglichkeit, seine Sucht zu überwinden, weil er über ungeheure Willenskraft und Entschlossenheit verfügt.

Arbeit ist für ihn wichtig. Anstrengende körperliche Tätigkeit liebt er zwar nicht, aber er hat eine ungewöhnliche Fähigkeit, sich zu konzentrieren, eine lebhafte Phantasie, großen Mut und Unternehmungsgeist – Eigenschaften, die meistens Erfolg bedeuten. Außerdem ist er in finanziellen Dingen praktisch. Niemand kann ihn zu einer Spekulation überreden, und er läßt sich nicht übers Ohr hauen.

Doch zu seinem Nachteil geht er Probleme gern blitzschnell an, worauf er sie sich aus dem Kopf schlägt. Manchmal ist das Problem dann nicht vollständig gelöst.

In Herzensangelegenheiten läßt er ein Nein einfach nicht gelten. Er erwartet, daß der andere sich völlig seinen Bedürfnissen unterwirft. Tut er das nicht, macht er unbarmherzig Schluß.

Skorpionmänner können hinterlistig, selbstsüchtig und gewissenlos sein. Diese Züge treten in Erscheinung, wenn der Skorpion auf ein sexuelles Erlebnis aus ist. Seiner Ansicht nach untersteht die Leidenschaft ihrem eigenen Gesetz. Unter Skorpionen findet man die rücksichtslosesten Sexbesessenen, die unersättlichsten Beischläfer. Es drängt sie nach Herrschaft, nach vollständiger Beherrschung der Libido und der Emotionen.

Für den Skorpion ist Sex ein Spiel, das ihm größte Erfolgs-Chancen bietet. Er genießt zwar die Jagd, interessiert sich aber nur für die Frau, die von anderen auch begehrt wird.

Man kann einen Skorpion wild vor Eifersucht machen – doch das geschieht auf eigene Gefahr. Herrschsüchtig und sich seiner Macht, Frauen zu unterwerfen, bewußt, kann ihn seine Leidenschaftlichkeit leicht zu Brutalitäten verführen.

Mit einem Wort, er gibt zu schaffen. Vorsicht!

Das Sexleben des Skorpionmannes

Er ist lustbetont und sexy. Die Frau kann damit rechnen, im Bett mehr zu kriegen, als sie wollte. Er kennt die weibliche Anatomie genau und hat eine lebhafte erotische Phantasie. Schranken gibt es für ihn nicht, und Prüderie duldet er nicht.

Jedes Zusammensein wird das Höchstmaß an Wonne bieten. Seine Energie ist unersättlich. Er beginnt beim Hohen C und spielt die ganze Tonleiter herunter. Vom ersten Kuß an merkt man, daß er es ernst meint. Er geht schnurstracks auf sein Ziel los.

Mit technischen Raffinessen befaßt er sich nicht. Er will bloß das unbeherrschbare, unbedingte Verlangen seiner Sexorgane befriedigen. Bevor er fertig ausgezogen ist, geht es bei ihm schon los. Sein zwingendes Bedürfnis ist offensichtlich. Das dreht die Frau auch an. So sehr, daß sie gewöhnlich aufstöhnt vor Begierde, ehe er nur beginnt. Er ist wie eine Lawine, die auf einen niedergeht.

Seine Küsse sind nicht zärtlich hingehaucht, sondern feurige, männlich-rauhe Liebkosung. Er beißt und lutscht und ist ein Meister des Cunnilingus. Schmerzen zu bereiten regt ihn an. Beim Vorspiel kennt er keine Zimperlichkeit, man muß mit einigen blauen Flecken rechnen.

Er muß die Frau vollständig beherrschen. Wenn sie die zugefügten Schmerzen erträgt, bedeutet das Unterwerfung. Er schwelgt in der Vorstellung, daß die meisten Frauen es lieben, sexuell angegriffen und körperlich überwältigt zu werden.

Er fühlt sich gern als König, der angebetet wird. Die Frau auf den Knien. Seine stolzgereckte Mannheit mit der Zunge umspielend, ihr zärtliche Bisse zufügend – so sollte es sein. Besonders behagt ihm, wenn sie gerade aus der Badewanne kommt, und ihren nassen Körper an ihn preßt. Dann drückt er sie an die kühlen Kacheln und befriedigt sein Verlangen im Stehen. Er wird im Schlafzimmer weitermachen – der Skorpionmann ist immer für eine Fortsetzung – und sie wird ihr blaues Wunder erleben. Meistens ist sie vor ihm erledigt, denn seiner Potenz scheinen keine Grenzen gesetzt zu sein. Kühlende Salben für wundgewordene delikate Stellen sollten allzeit bereitliegen!

Präservative mag er nicht, und auch der Coitus interruptus kommt für ihn nicht in Frage. Die Möglichkeit einer Empfängnis wirkt herausfordernd auf ihn.

Ebensowenig liebt er Belehrungen über die Liebeskunst. Darüber Fragen zu stellen, bedeutet sexuelle Unwissenheit oder Unterlegenheit, und kein echter Skorpion würde sich dessen schuldig fühlen! Sex ist eine viel zu ernsthafte Sache! Der Skorpionmann genießt etwas merkwürdige Sexpraktiken. Er experimentiert mit allem, was sein Erlebnis unvergeßlich machen könnte. Neuheiten auf dem Gebiet der Sexgeräte finden in ihm einen großen Anhänger.

Seine latente Gewalttätigkeit kann unangenehm werden. Er hat eine starke Neigung zum Paranoiden, wenn er das Gefühl hat, abgelehnt zu werden. Da es ihm Wollust bereitet, Schmerzen zuzufügen, führt das leicht zu sadistischen Praktiken.

Als «Tatort» sind ihm rauhe Holztische und harte Böden lieber als weiche Kissen. Er treibt die Frau gern zu mehrfachem Orgasmus, meist unter Zuhilfenahme von elektrischen Geräten. Er kann dabei ziemlich weitgehen, denn nichts bereitet dem Skorpionmann mehr Vergnügen, als Wonne mit Schmerz zu mischen.

Erogene Zonen

Die empfindsamsten Körperteile des Skorpiongeborenen sind die Genitalien. Den Mann versetzt schon ein leichtes Streicheln der Unterleibsgegend in Ekstase. Eine enganliegende Unterhose ist für ihn schon Reizmittel. Die Skorpionfrau verspürt schon Erregung, wenn sie nur die Beine übereinander schlägt und sie so bewegt, daß sich die Schamlippen aneinander reiben.

Nichts bereitet dem Skorpionmann mehr Wollust, als eine Frauenzunge flüchtig über seine Penisspitze streichen zu lassen. Es braucht wohl kaum betont zu werden, daß Skorpionfrauen Cunnilingus ganz besonders genießen.

Wenn man mit den Genitalien des Skorpiongeborenen spielt, hat man ihn buchstäblich in der Hand.

So fängt es an

Für den Umgang mit Skorpiongeborenen gibt es definitive Richtlinien. Regel Nummer eins: er ist unbedingt ernst zu nehmen. Sein Stolz spricht auf Schmeichelei und uneingeschränkte Aufmerksamkeit an. Einerlei, was er auch sagt, man sollte ihm nicht zu stark widersprechen. Das heißt aber nicht, ein Heuchler sein. Skorpione haben ausgesprochene intuitive Kräfte, die fast ans Okkulte grenzen, und können die wahren Gedanken erspüren. Doch obwohl sie sich nicht täuschen lassen, hören sie gern etwas Schmeichelhaftes.

Man knausere also der Skorpionfrau gegenüber nicht mit Bemerkungen über ihr hübsches Kleid (das meistens herausfordernd ist, weil sie Aufmerksamkeit erregen möchte), über ihr gutes Aussehen und über ihre anregende Konversation. Wenn der Skorpionmann scherzt, darf gelacht werden; er wäre beleidigt, wenn er kein Echo fände. Über seine Fehler sollte man hinwegsehen. Noch besser ist es, sie als Tugend hinzustellen: «Ich mag Männer, die wissen, was sie wollen», oder: «Gegen Ihre Intelligenz kommt man nicht an.»

Es wäre nicht ratsam, einen Theaterbesuch, einen Ausflug oder die Teilnahme an einer ausgelassenen Party vorzuschlagen. Der Skorpion liebt eigene vier Wände. Ein besseres Programm ist es, zu Hause zu sitzen und seine Lieblingsplatten anzuhören.

Er muß immer um Rat gefragt werden. Niemals etwas vorschlagen, das dem Skorpion nicht zusagt! Es ist schwierig genug, die Beziehung im Gleichgewicht zu halten. Man geht am besten von der Voraussetzung aus, daß der Skorpion alles ein wenig besser weiß als die andern Leute; damit ist seine Zuneigung zu erringen.

Man muß ihn liebevoll behandeln. Er braucht viel Liebe und gibt sie dann auch zurück. Vor allem aber mag dem Skorpion, ob Frau oder Mann, ausschließliche Aufmerksamkeit geschenkt werden, sonst wird er verärgert und eifersüchtig. Man gehe auf alle seine Pläne ein. Er liebt es nicht, wenn sie durchkreuzt werden, und erlaubt höchstens eine ganz kleine Abweichung.

Wer mit einer Skorpionfrau ausgeht, zeige sich großzügig. Wird man von ihr eingeladen, so darf ein Mitbringsel nicht vergessen werden. Der beste Champagner ist gerade gut genug. Viele Skorpione haben eine Vorliebe für Hummer.

Wer einen Skorpionmann für sich gewinnen will, sollte herausfordernd auftreten, mit einem Kleid, das die Figur zur Geltung bringt, mit einem betäubenden Parfüm. Man merke sich, daß es verkehrt ist, sich einem Skorpion gegenüber spröde oder schüchtern zu verhalten.

Geschenke? Am besten exotischer Schmuck, etwa ein mexikanisches oder afrikanisches Amulett. Der Skorpion schmückt sich gern. Für sie kann es etwas Gewagtes von leuchtendroter Farbe sein; für ihn ein auffallender Gürtel oder ein aparter Schal. Der Topas gilt als Glücksstein des Skorpions und sollte bei der Geschenkwahl beeinflussen.

Um den Skorpion in romantische Stimmung zu bringen, hilft eine verführerische Atmosphäre: Räucherduft, Blumen, elegische Musik. Aber im Grunde ist die Umgebung gar nicht so wichtig. Der Skorpion macht auch auf dem Zementboden einer Garage, wo es nach Benzin riecht, noch Liebe.

Ende der Affäre

Der Abbruch einer Affäre kann gefährlich sein. Der Skorpion neigt zu Jähzorn, und wenn er brüsk vor eine vollendete Tatsache gestellt wird, ergibt sich unter Umständen ein Desaster. Viel besser, man geht subtiler vor.

Man läßt mit den Liebesbezeugungen nach, die der Skorpion so dringend braucht, und verzichtet auf die üblichen Umarmungen, Küsse und wortreichen Beteuerungen.

Die eigenen Interessen werden an erste Stelle gesetzt. Man beschwert sich über ungenügende Aufmerksamkeit und Rücksichtnahme. Man gibt sich finster und beleidigt. Man weist häufig und genau darauf hin, was der Skorpion alles falsch gemacht hat.

Man reißt die Gesprächsführung an sich, auch wenn man lauter Unsinn redet.

Im Bett läßt man den Skorpion nicht mehr herrschen.

Man lobt ihn nie mehr.

Die Frau, die mit einem Skorpion brechen möchte, vernachlässigt den Haushalt und lädt schlechterzogene Gäste ein, die «das Nest» verunreinigen.

Der Mann, der von seiner Skorpionfrau genug hat, verstreut Asche, läßt Kleider und Zeitungen herumliegen, hinterläßt schmutzige Fingerspuren an den Wänden. Das Heim des Skorpions herunterkommen zu lassen, ist fast ebenso unverzeihlich, wie seine Unfehlbarkeit zu bezweifeln!

Man mache ihn eifersüchtig und verspotte ihn dann. Verlangt er eine Erklärung, tische man ihm ein Märchen auf.

Er wird nicht länger verweilen als ein Taschendieb.

Eins muß man sich unbedingt merken: Niemals mit ihm streiten! Damit kann man zwar der Beziehung unter Umständen ein Ende machen, aber man wird vielleicht auf einer Tragbahre von ihm Abschied nehmen.

Wer mit wem, wie und warum

Skorpion und Widder

Eine Kombination mit Hochspannung. Auf sexuellem Gebiet ist der Widder erfindungsreich, und der Skorpion macht begeistert mit. Aber der Widder ist allzu unbekümmert für den eifersüchtigen Skorpion. Beide sind egozentrisch, dynamisch und ehrgeizig. Die gegenseitige Anziehung mag stark sein, aber der Individualismus reißt die beiden auseinander. Die Anzeichen deuten auf eine kurze Affäre und auf eine wacklige langfristige Beziehung.

Skorpion und Stier

Beide haben die Ausdauer und die Leidenschaft, einander im Bett zu befriedigen. Doch müssen die charakterlichen Unterschiede geglättet werden, wenn die gegenseitige Liebe am Morgen noch halten soll. Der Skorpion stößt sich an der

Trägheit des Stiers und ist im Grunde geizig. Der Stier ist indolent und gibt das verdiente Geld gern aus. Beide sind stolz, eigensinnig und herrschsüchtig. Ihre starken sexuellen Triebe machen ein Verhältnis möglich; eine Ehe wäre äußerst zweifelhaft.

Skorpion und Zwillinge

In sexueller Hinsicht kommen sie miteinander aus, aber das ist nicht alles. Auf beiden Seiten müssen Konzessionen gemacht werden. Die Zwillinge nehmen alles zu leicht für den intensiven Skorpion. Der Skorpion ist bestimmt, der Zwillingsgeborene hingegen flatterhaft und veränderlich. Zwillinge sind geistreich und zeigen das gern bei gesellschaftlichen Anlässen; der Skorpion betrachtet das als unersprießliche Zeitverschwendung. Ein schwankendes Verhältnis, eine schwierige Ehe.

Skorpion und Krebs

Diese beiden Wasserzeichen sollten sich gut miteinander vertragen. Auch die sexuelle Prognose ist gut. Der leidenschaftliche Skorpion findet im Krebs einen willigen Partner. Die körperliche Übereinstimmung trägt dazu bei, die Eifersucht zu mildern, unter der beide leiden. Wenn es aber zu Auseinandersetzungen kommt, sollte ein unschuldiger Zeuge das Feld räumen. Meistens aber herrscht eine harmonische Einheit von Stärke und Geborgenheit. Ein schönes Verhältnis, eine gute Ehe.

Skorpion und Löwe

Beide Zeichen sind von Kurzschluß bedroht, und die explosiven Streitigkeiten können mit Gewalttätigkeit enden. Hier schlägt die Leidenschaft hohe Wellen. Sie fühlen sich körperlich zueinander hingezogen, aber der Skorpion vermag dem Löwen nicht die benötigte Aufmerksamkeit und Hochachtung zu geben. Der Stolz des Löwen wird verletzt, und in vielen Lagen erhält die Besitzsucht des eifersüchtigen Skorpions einen Stoß. Vielleicht ein aufregendes Liebesverhältnis, aber eine fürchterliche langfristige Beziehung.

Skorpion und Jungfrau

Sie haben auf vielen Gebieten gleiche Interessen, die sexuelle Sphäre gehört jedoch nicht dazu. Das erschwert es den beiden, die Beziehung tragfähig zu gestalten. Die Jungfrau entpuppt sich als tadelsüchtig, der Skorpion reagiert mit brutaler Offenheit. Wenn sich die Jungfrau anpaßt, wie es notwendig ist, kann es ganz gut gehen. Eine Zeitlang besteht geistige Übereinstimmung, doch der Skorpion wird sich bald nach einem anderen sexuellen Ventil umsehen.

Skorpion und Waage

Der Skorpion ist für die Waage zu possessiv und eifersüchtig, die Waage für den Skorpion zu gelassen und zu empfindsam. Doch beide sind leidenschaftlich (obzwar die Waage zwischen Höhe und Tiefe wechselt), und sie werden die Verantwortung des Zusammenlebens ernst nehmen. Ein Problem kann die Liebe der Waage zum Luxus ergeben, den der

Skorpion vielleicht nicht zu bieten vermag. Stürmisches Wetter bei einem Liebesverhältnis und wohl auch in der Ehe.

Skorpion und Skorpion

In sexueller Hinsicht könnten diese beiden ein Feuer entfachen, das auch unter Wasser lodern würde. Aber sie sind sich zu ähnlich. Beide sind bestimmt, possessiv, eifersüchtig und jähzornig. Wenn sie verschiedener Meinung sind, fliegen die Fetzen – und die Liebe zum Fenster hinaus. Die anfängliche starke Anziehung kann außerhalb des überhitzten Schlafzimmers keinen Bestand haben. Eine glühende Liebesbeziehung, wehe der Ehe!

Skorpion und Schütze

Bei diesen beiden kann man sich ein teures Hochzeitsgeschenk sparen. Der Skorpion liebt sein Heim, aber der Koffer des Schützen ist schon gepackt. Der Schütze muß seine Freiheit haben, der Skorpion belegt den andern mit Beschlag und ist anspruchsvoll. Nicht einmal der Humor des Schützen kann den Abgrund überbrücken, der sich zwischen ihnen öffnen wird. Die einzige Anziehung ist sexueller Natur, sie dauert jedoch nicht. Für eine Nacht, ja; für ein ganzes Leben, nein.

Skorpion und Steinbock

Beide sind willig, ehrgeizig, und sie kommen sexuell miteinander gut aus. Es dürfte sich nur ein Mindestmaß an Problemen ergeben. Der Skorpion neigt zum Emotionellen, was gut ist für das brütende und introvertierte Wesen des Steinbocks. Dem Steinbock tut die Geborgenheit wohl, die durch die Besitzsucht des Skorpions gewährleistet ist. Der Skorpion hat nichts gegen Sex ohne Gefühlsbetonung, und das ist auch dem Steinbock recht. Ein enges Verhältnis, eine starke Ehe.

Skorpion und Wassermann

Der Skorpion verabscheut die wechselnden Stimmungen des Wassermanns. Der Wassermann beschäftigt sich mit vielen sozialen Projekten außerhalb des Hauses, dem das Hauptinteresse des Skorpions gilt. Der Skorpion vermag den Wassermann nicht zu beherrschen, dem seine Freiheit zu sehr am Herzen liegt. Der Wassermann ist sehr gesellig, der Skorpion gar nicht. Der Skorpion hat für die unpraktischen Pläne des Wassermanns keine Verwendung. Bettakrobatik kann dieses schlecht zusammengewürfelte Paar nicht binden. Die beiden sollten getrennte Wege gehen.

Skorpion und Fische

Sie üben eine starke Faszination aufeinander aus. Die Fische verlassen sich auf die Kraft des Skorpions und können so ihre Unentschlossenheit abstreifen; sie schwelgen geradezu in der Besitzgier und Herrschsucht des Skorpions. Das Sexleben sollte anregend sein: Fische sind phantasievoll, der Skorpion ist ausdauernd. Sowohl ein Verhältnis als auch eine Ehe wirken sich wunderbar wohltuend aus.

Schütze

22. November – 21. Dezember

Die Schützefrau

Sie ist die Doña Juana des Tierkreises. Bei der Wahl ihrer Liebhaber ist sie großzügig. Es genügt, daß ein Mann sie wegen einer besonderen Eigenschaft anzieht – sein Enthusiasmus oder sein Sinn für Humor –, dann sieht sie über seine weniger wünschenswerten Züge hinweg. Unbekümmert geht sie von einem sexuellen Erlebnis zum andern, so daß alles auf freundschaftlicher Grundlage bleibt.

Einer tiefen gefühlsmäßigen Bindung ist sie nicht fähig, sondern sie folgt eher den Launen ihrer romantischen Neigung. Sie spielt mit der Liebe. Jeder neue Partner ist ein Jeton, den sie auf dem grünen Filz des Roulettes dorthin wirft, wo sie die Glückszahl erhofft. Wenn eine Affäre schiefgeht, denkt sie philosophisch. Bald wird ein anderer Liebhaber kommen – wozu also um eine verlorene Liebe weinen?

Sie ist eitel. Wenn sie in die mittleren Jahre kommt, ist sie wahrscheinlich die erste, die zum Schönheits-Chirurgen geht.

Die Schützefrau will unterhalten und unterhalten werden. Langeweile hält sie nicht aus. Sie würde sich die Hand abhacken, nur um einen interessanten Gesprächsstoff zu haben.

Sie trägt ihr Herz auf der Zunge. Sie ist geradeheraus und ehrlich, auch gutmütig und großzügig. Sie liebt ihre Freiheit, und sie muß reisen können. Sie braucht fortwährend Abwechslung und Anregung. Auch wenn sie glücklich ist, kann sie nicht allein glücklich sein; sie braucht Zuschauer, die ihr Glück sehen.

An sich läßt sich die Schützefrau gern mit einem vielversprechenden Sexpartner ein, aber weitaus mehr interessiert sie sich für Freundschaft, Gedankenaustausch und romantische Abenteuer. Manch ein Mann kennt sich bei ihr nicht aus, weil es schwer zu entscheiden ist, ob sie eine sexuelle Avance macht oder nur einen Freund sucht. «Warum können wir nicht einfach Freunde sein?» wurde wahrscheinlich von einer Schützefrau zum erstenmal gesagt. Nichts kühlt schneller als eine solche Frage!

Sie scheint niemals seßhaft zu werden. Ihre Wohnung sieht meistens aus, als ob sie gerade ein- oder auszöge. Eine Anstellung, die sie nicht interessiert, wechselt sie ebenso schnell wie den Liebhaber. Es gibt ja so viel anderes zu tun, wozu also sich langweilen?

Sie ist eine ideale Gefährtin für ein Zusammenleben mit täglicher Kündigungsfrist. Mit ihrer Begeisterungsfähigkeit, ihrer Bereitschaft zur Zusammenarbeit, ihrem herzlichen Sinn für Humor und ihrer schnellen Auffassungsgabe ist sie für jeden Mann eine Freude.

Sie ist eine gute Zuhörerin und dem Mann, der Sport und Abenteuer liebt, eine gute Kameradin. Als Gastgeberin versteht sie es, die faszinierendsten Leute zusammenzubringen und jede Gesellschaft zu beleben. Was könnte auch der schwierigste Mann mehr verlangen?

Doch bevor man sich auf die Suche nach einer Schützefrau macht, ist folgendes zu bedenken: Sie ist eine unverbesserliche, spielerische Schäkerin. Und sie blufft gern. Sie tut so, als wüßte sie alles, aber gewöhnlich weiß sie über die Dinge nicht einmal genug, um auch nur den Anschein dieses Alleswissens aufrecht zu erhalten.

Ihre Offenheit in Herzensangelegenheiten verwirrt die Männer. Sie kann dem Impuls, über andere Männer zu reden, die sie gekannt hat, nicht widerstehen, und wenn ein Liebhaber sie enttäuscht, sagt sie es rundheraus.

Vielleicht ist es nicht verwunderlich, daß viele Schützefrauen als alte Jungfern enden.

Ihr ungeduldiges, impulsives Wesen macht ihr selbst oft einen Strich durch die Rechnung. Es würde ihr im Leben besser ergehen, wenn sie ihre wirklichen Stärken und Schwächen besser verstünde. Aber sie ist von dem Schlag, der immer losrast, ohne sich vorher umzuschauen, und nie wird sie auf die Ratschläge und Warnungen anderer hören.

Sie scheint zwar durchaus imstande zu sein, ihre Angelegenheiten selbst in die Hand zu nehmen; aber das täuscht.

Wenn sie einen Mann wirklich liebt, wird sie recht abhängig. Verläßt er sie, so kann sie zusammenbrechen.

Dünnhäutig und leicht zu demütigen, hat ein Schmeichler bei ihr leichtes Spiel. Ein glattzüngiger Redner kann sie ohne Schwierigkeit für sich einnehmen. Infolgedessen wird sie oft das Opfer gewissenloser Männer, während der Richtige ihr durch die Lappen geht. Unreif und unsicher, leichtsinnig und unbeständig, ist sie schwer zu verstehen. Und fast unmöglich zu beherrschen.

Das Sexleben der Schützefrau

Der bevorzugte Liebesspielplatz der Schützefrau ist die freie Natur. Nichts Schöneres für sie als Liebe im Zelt, im Wohnwagen oder am Strand. Vielleicht ist diese Vorliebe für die freie Natur auch der Grund, warum in Nudistenlagern so viele Schützefrauen anzutreffen sind.

Sie genießt Sex, hat aber für in die Länge gezogene Vorspielereien nicht viel übrig. Ihr Hauptinteresse gilt der eigenen Befriedigung. Sie hat zwar nichts gegen ein Vorspiel, aber es sagt ihr mehr zu, wenn die Hauptvorstellung so bald wie möglich beginnt. Sie ist des mehrfachen, wenn auch nicht sehr tiefen Orgasmus fähig.

Manche Männer finden ihr Verhalten im Bett taktlos, und

es stimmt, daß sie einem Liebhaber gegenüber sehr rücksichtslos sein kann. Wenn sie nicht erhält, was sie sich wünscht, wird sie einfach sich selbst befriedigen und ihn unerfüllt zusehen lassen.

Sie hält ihren Partner gern zum besten, bis er die Selbstbeherrschung verliert. Oft erreicht sie das mit einer Start- und Stop-Technik. Nachdem sie ihn durch Fellatio fast bis zum Höhepunkt gebracht hat, legt sie sich langsam auf ihn, und wenn er dann den Gipfel schier unerträglicher Begierde erreicht hat, zieht sie sich zurück. Es macht ihr nichts aus, wenn der Mann zu früh kommt. Sie findet trotzdem Mittel und Wege, auf ihre Kosten zu kommen und ist schnell bereit, das Spiel von neuem zu beginnen.

Sie liebt das Danach, wo sie neben ihm liegt, eine Zigarette raucht oder etwas trinkt und mit ihm über das genossene Vergnügen spricht. Sex ist für sie eine hübsche Angelegenheit, und sie schätzt Liebhaber nicht, die sich gebärden, als ob soeben das gesamte Weltall verändert worden wäre.

Ihre grundlegende Schwierigkeit besteht in ihrer Unfähigkeit, sich einem einzigen Erlebnis voll und ganz hinzugeben. Wahllos flattert sie vom einen zum andern, leistet nie viel Widerstand, findet aber auch nie viel Befriedigung. Sie hat zu viele Erlebnisse mit zu wenig wirklichem Gefühl.

Im Gegensatz zu ihrem männlichen Gegenstück ist die Schützefrau Experimenten abhold. Sie hat wenig Interesse an wohlriechenden Sprays, elektrischen Vibratoren oder ähnlichen Spielereien. Schlafzimmer-Spielzeuge faszinieren sie nicht. Sie ist keine Kennerin der Erotika. Sie bevorzugt ganz entschieden die «erprobten und wahren» Formen des Sexspiels und mag nicht in Variationen abschweifen, die sie lediglich als Exzesse betrachtet. Sie stoßen sie sogar ab.

Ihre freimütige, zwanglose Einstellung zum Sex kann dazu führen, daß sie mit Männern genauso Liebe macht wie mit Frauen – oder mit beiden zusammen. In einem lesbischen Verhältnis übernimmt sie gewöhnlich die männliche Rolle. Aus irgendwelchen Gründen ist sie dann oft grausam oder sadistisch. Zumindest ist sie nur darauf erpicht, ihr eigenes sexuelles Bedürfnis zu stillen.

Der Schützemann

Sowie man ihn kennenlernt, fühlt man sich lebendiger. Er ist fröhlich, charmant, geistreich, und er vermittelt den Eindruck, man sei die interessanteste Frau, der er jemals begegnet ist.

Man lasse sich nicht täuschen. Wenn man genauer hinschaut, sieht man seine Augen von einer Frau zur andern im Zimmer schweifen. Die Wahrheit ist: Er begehrt sie allesamt!

Wenn eine hübsche Frau hereinkommt, wird er um sie herumscharwenzeln, sie mit Aufmerksamkeiten überschütten und alle seine Register ziehen, um sie zu bezaubern. Er wird sich ihre Adresse und Telefonnummer geben lassen und sie mit Anrufen, Pralinen, Blumen und anderen Angebinden bombardieren.

Er ist ein romantisierender Idealist, der glaubt, die nächste werde die einzige sein. Einerlei, wie oft er schon enttäuscht worden ist, sein Optimismus bleibt bestehen.

Er betrachtet jeden neuen Tag als eine neue Gelegenheit. Für ihn ist es aufregend, aufzuwachen und einfach festzustellen, daß Dienstag ist.

Er ist ein Gefühlsmensch mit einem Herzen, das geradezu danach verlangt, durchbohrt zu werden. Er möchte verliebt sein, hütet sich aber vor einer Bindung. Keine Affäre wird lange dauern, denn es liegt in seinem Wesen, Probleme zu schaffen, wenn keine vorhanden sind. Dann gewinnt sein analytischer Geist die Oberhand und nimmt das Problem auf eine Art auseinander, die beweist, daß es sich nicht lösen läßt.

Er wehrt sich gegen eine enge Beziehung und haßt Eifersucht bei Frauen. Am liebsten sind ihm Verhältnisse mit Frauen, die über Erfahrung verfügen, weil sie die Liebe am ehesten so leicht nehmen wie er. Außerdem nimmt er die Sache gern mit Humor.

Wenn er sich verliebt, will er nicht das Gefühl haben, einen Vertrag zu unterzeichnen. Jedenfalls müßte ein solcher Vertrag eine Lösungsklausel enthalten. Er weiß ja nie wirklich, was er sich wünscht. Ja, er kann sich sogar einreden, das wichtigste im Leben sei es, zu wissen, was man sich *nicht* wünscht.

Schützemänner sind offen und sprechen frei heraus. Die unverblümte Meinungsäußerung kann weh tun, aber Takt gehört nicht zu den guten Eigenschaften des Schützen. Andrerseits kann man sich darauf verlassen, daß er sein einmal gegebenes Wort halten wird.

Als Freund ist er leicht zugänglich, tolerant und aufgeschlossen. Aber als Liebhaber macht er die Frau zu einem Projekt. Er will ihr zur Reife verhelfen. Wenn er Zeit in sie investiert hat und sie ihn enttäuscht, wird aus seiner Zuneigung Groll. Über spitze Kritik und stummes Schmollen ist er nicht erhaben. Er ist ein Perfektionist, der von der Geliebten geistige und körperliche Übereinstimmung verlangt. Seine Kritik ist jedoch auch ein Anzeichen dafür, daß sie ihm nahe steht.

Er liebt Geheimniskrämerei und wird selbst dann, wenn es nicht notwendig ist, ein Verhältnis geheimhalten. Er ist Stimmungen und Depressionen unterworfen, leidet gelegentlich unter Nervosität und Wahnvorstellungen. Glücklicherweise dauern diese Phasen nicht lange.

Es kann vorkommen, daß er eine Frau durch Gefühls- und Wutausbrüche vor den Kopf stößt. Er erledigt seine Angelegenheiten gern selbst und macht nicht ohne weiteres Konzessionen. Erfahrung hat ihn gelehrt, daß er fast immer dorthin gelangt, wohin ihn sein Ehrgeiz treibt.

Er hat das Zeug zu einem führenden Finanzmann, doch seine Schwäche besteht darin, daß er seine Begabung oft für Unternehmungen einsetzt, die seiner nicht wert sind.

Er ist großzügig, liebt Luxus und macht üppige Geschenke.

Er ist ein ausgezeichneter Erzähler und auf Gesellschaften ein bestechender Gast. Er bevorzugt kleinere Partys; zu viele Menschen unter einem Dach bereiten ihm Unbehagen. Ja, am liebsten wäre er unter gar keinem Dach. Er bevorzugt die Weiträumigkeit des wolkenlosen Himmels und des Sternenzelts.

Er reist gern. Die stets wechselnde Szenerie, die immer neuen Gesichter, Kontakte und Erlebnisse entsprechen dem Charakter des Schützen auf vollkommene Weise. Er ist der Prototyp des Mannes, der in einem Reisebüro folgendermaßen eine Fahrkarte verlangt: «Irgendwohin, denn ich habe überall Freunde.»

Er sucht immer nach Tatsachen. Seine Wißbegier ist unersättlich, und er interessiert sich sehr für sexuelle Aufklärung.

Die Frau, die einen Schützen heiratet, sollte immer daran denken, daß er, ob verheiratet oder ledig, in seinem Herzen immer ein Junggeselle bleibt.

Das Sexleben des Schützemannes

Kannst du nicht bei dem Mädchen sein, das du liebst, dann liebe das Mädchen, bei dem du bist. Das ist die Devise des Schützemannes. Er ist wie eine Biene, die von einer Blüte zur andern fliegt und bei jeder Nektar tankt. Dagegen kann er nicht an. Er ist verliebt in einen idealisierten, romantischen Traum und muß diesem Ideal folgen, wo immer es winken mag.

Sex ist für ihn selten ein starkes Erlebnis. Er genießt ihn, hat aber nicht das Gefühl, die Erde bebe. Wer mag schon mitten in einer Erdbebenzone leben? Er wandelt lieber in einem stillen Garten voller lieblicher Blumen und pflückt die Blüte, auf die er Lust hat.

Aufregend ist für ihn die Jagd, die Ouvertüre. Doch wenn es ihm gelungen ist, die begehrte Frau in sein Schlafzimmer zu locken, kann ihr eine Enttäuschung bevorstehen. Das Symbol dieses Tierkreiszeichens ist der Schütze, der seinen Bogen spannt, aber sein Pfeil trifft nicht immer das Ziel – zumindest nicht das erstemal! Das Vergnügen ist kurz. Er ist im Nu fertig, und die Frau kann sehen, wo sie bleibt.

Andrerseits langweilt Sex den Schützen nie. Er macht gern Liebe und wird der erste sein, der eine neue Stellung, eine neue Umgebung erprobt – man sage, was man wünscht, er ist sofort bereit. Es macht ihm nichts aus, drei- bis viermal im Tag zu lieben, und seiner Gesundheit schadet es gewiß nicht. Es macht ihm auch nichts aus, zwei bis drei heimliche Verhältnisse gleichzeitig zu haben. Quantität kann Qualität ersetzen! Er ist sehr zungengewandt – in jeder Beziehung – und kann seine Partnerin zu allem, restlos allem überreden.

Ein Meister in erotischer Massage, sowohl oral wie mit den Händen, benützt er dieses Talent ausgiebig, um erotische Zonen zu erobern. Die Kombination von geschickten

Händen und beweglicher Zunge führt zu beachtlichen Ergebnissen für seine Partnerin.

Der Schützemann ist ein «Reiber». Schon ein leichtes Reiben seiner Geschlechtsteile am Körper seiner Partnerin kann ihn zum Höhepunkt bringen.

Außerdem ist er auf Frauenbeine fixiert. Der Anblick bestrumpfter Schenkel reizt ihn stark. Viele Schützen finden Liebemachen aufregender, wenn die Frau dabei Strümpfe anhat.

Eine Frau, die lässig die Beine übereinanderschlägt und mit dem Schuh wippt, erotisiert ihn durch und durch.

Er hat überhaupt eine Neigung zum Fetischismus. Nicht ungewöhnlich, daß er von seiner Gespielin verlangt, Handschuhe oder Schuhe im Bett zu tragen – oder beides. Kritische Bemerkungen darüber beantwortet er nur mit einem Witzwort; selten reagiert er mit Verlegenheit.

Wenn er bisexuell ist, was gar nicht selten vorkommt, wechselt er ohne Schwierigkeit von einem Geschlecht zum anderen, ohne sich festzulegen.

Er hat viele und vielfältige Verhältnisse. In Liebesdingen kennt er keine Moral. Für ihn bedeutet Sex Leben, und er will das Leben in vollen Zügen auskosten.

Erogene Zonen

Hüften und Schenkel sind die besonderen erogenen Zonen derjenigen, die im Zeichen des Schützen geboren sind, bei den Frauen aber auch die Haare. Man spiele mit ihren Haaren, streichle sie liebevoll, kämme sie, bürste sie – sie wird schnurren wie ein Kätzchen. Lange genug betrieben, kann man allein auf diese Weise ihre schlummernde Leidenschaft wecken.

Beim Manne liegt der empfindsamste Teil des Körpers nahe den Genitalien. Küsse an der Innenseite der Schenkel oder ein leichtes Gleiten der Zunge von den Knien bis zum Unterleib entzücken ihn, ebenso leichtes Streicheln der Hüften.

Sowohl der männliche als auch der weibliche Schütze genießt es, wenn ihm Hüften und Schenkel mit warmem Öl eingerieben werden. Bei den Hüften macht man kreisförmige Bewegungen, bei den Schenkeln vertikale und hilft mit dem Fingernagel noch ein wenig nach. Das läßt auch den müdesten Schützen im Nu seinen Bogen spannen!

So fängt es an

Da der Schütze gern redet und erzählt, soll man ihm anteilnehmend zuhören und die richtigen Fragen stellen. Man muß einen wachen, lebhaften Geist zeigen, damit der Schütze seine Intelligenz und seinen Witz entfalten kann. Ein Dummkopf sucht sich besser einen anderen Spielgefährten. Der Schütze mag nur Menschen, die alert und geistig empfänglich sind. Er hat einen ausgeprägten Sinn für Humor und lehnt Leute ab, die kein wirklich interessantes Gespräch führen können. Banalität ist ihm ein Greuel.

Pferde- und Hundeliebhaber haben es leicht, ein geeignetes Thema zu finden. Auch Katzen eignen sich, obwohl diese Haustiere für den Schützen nicht an erster Stelle stehen, weil sie seine Liebe für die freie Natur nicht teilen.

Das erste Rendez-vous sollte möglichst im Freien stattfinden. Man kann schwimmen gehen (in ein Nacktbad, wenn eines vorhanden ist, denn der Schütze reagiert auf Unkonventionelles und Gewagtes), ein Picknick vorschlagen, einen gemeinsamen Ausritt, Tennis, Skilaufen, Bergsteigen. Man

muß allerdings sicher sein, daß man Schritt zu halten vermag, Schützen sind bekannt für ihre Ausdauer.

Man kann auch ruhig einen Wochenend-Ausflug anregen.
Ein Schütze wird dadurch nicht kopfscheu. Er ist in Sexdin-
gen frei und offen, und etwas Abenteuerliches oder Ungewöhnliches bringt ihn nie in Verlegenheit.

Rock-Konzert, möglichst im Freien, Operette, Musical
und Ballett – mit all dem kann man es versuchen. Schützen
lieben Bewegung mit Musik kombiniert.

Lädt man ihn zu einer Party ein, sollte sie in kleinem
Kreis stattfinden. Der Schütze möchte als Persönlichkeit
Eindruck machen können.

Geschenke sind willkommen. Am besten eignen sich
Sportgeräte, sportliche Kleidungsstücke – alles, was man
draußen gebrauchen kann. Oder etwas, das seinem Zigeu-
nerblut entspricht: Reisetasche oder Paß-Etui. Es braucht
nichts Ausgefallenes zu sein. Der Preis ist kein Faktor, der
Gedanke, der dahintersteht, zählt.

Nie vergessen, daß der Schütze immer bereit ist, ein
Freund zu sein. Es hängt vom andern ab, ob aus der Beziehung mehr werden soll.

Ende der Affäre

Wenn die Pneus abgefahren sind, braucht man nicht ver-
zweifelt nach einem Ausweg zu suchen. Zweifellos wird der
Schütze ebenfalls genug haben. Dieses Verhältnis kann man
mühelos lösen.

Das Ende läßt sich beschleunigen, indem man diktatorisch wird und ihm Vorschriften über Benehmen, Kleidung,
Freunde und Tiere macht. Man ist kurz angebunden, sieht
alles schwarz; der Schütze ist ein Optimist, der glaubt, hin-

ter jeder Ecke warte eine neue Gelegenheit auf ihn. Es erbittert ihn, desillusioniert zu werden.

Wer eine Schützefrau loswerden will, braucht nur den trübseligen, in sich gekehrten Stubenhocker herauszukehren. Man weigert sich, fünfzig Kilometer zu fahren, «nur um einen Film zu sehen». Man flirtet mit anderen Frauen und mischt sich in ihre Arbeit.

Die Frau, der ihr Schützefreund auf die Nerven geht, veranstaltet eine große Gesellschaft und lädt Leute ein, die er unersprießlich findet. Sie nörgelt an seinem Hund herum, bekrittelt seine hochfliegenden Pläne und tut seine Ideen als unpraktisch ab.

Nachts läßt man das Fenster geschlossen, so daß der Schütze keine frische Luft bekommt. Liebe findet nur noch zu Hause, in den eigenen vier Wänden statt.

Eines Morgens wird man aufwachen und auf dem Kopfkissen einen Brief vorfinden, in dem steht, daß man jetzt ebenso frei ist wie er.

Wer mit wem, wie und warum

Schütze und Widder

Zwischen ihnen herrscht zwar schönste Übereinstimmung, aber ihre explosiven Naturen garantieren eine Menge Feuerwerk. Allerdings sind die Streitereien nur von kurzer Dauer. Beiden macht es größten Spaß, draußen und drinnen gemeinsam etwas zu unternehmen, und sie werden viele Freunde haben. Beide haben Freude an aktivem Zeitvertreib und Sport. Wenn sie sich in sexueller Hinsicht gut vertragen, steht es mit allem übrigen zum besten. Das gilt sowohl für ein Verhältnis als auch für die Ehe.

Schütze und Stier

Der Stier möchte herrschen, und der Schütze läßt sich nicht
beherrschen. Auf sexuellem Gebiet wird der stetigen Leidenschaft des Stiers das gelegentliche impulsive Begehren
des Schützen wohl kaum genügen. Außerdem kränkt den
praktischen, häuslichen Stier die rastlose Abenteuerlust des
Schützen. Sogar ein kurzes Verhältnis erfordert Selbstdisziplin, ein längerdauerndes erfordert Wunder.

Schütze und Zwillinge

Für eine wirkliche Übereinstimmung sind beide viel zu
ruhe- und wurzellos. Sie entwickeln bald neue Interessen
und lassen sich wegtreiben, Neuem folgend. Beide lieben
Vergnügungen und haben eine Zeitlang Spaß an gemeinsamen Unternehmungen; dann aber werden die Zwillinge kri-
tisch, und der Schütze sucht schleunigst eine Abkürzung.
Eine beinahe hoffnungslose Beziehung, die aber in seltenen
Fällen aufregend sein kann.

Schütze und Krebs

Diese beiden Zeichen stehen auf den entgegengesetzten Seiten des Tierkreises. Der Krebs braucht Geborgenheit und
Stabilität, der Schütze hingegen möchte frei für Abenteuer
sein. Der empfindliche Krebs ist dem freimütigen Schützen
wehrlos ausgeliefert. Es kann sexuelle Harmonie bestehen,
aber bald fühlt der Schütze, daß er in einen Käfig gesperrt
werden soll und fliegt davon. Sie eignen sich besser für ein
Freundes- als für ein Liebespaar.

Schütze und Löwe

Diese Beziehung bietet alles, was sich Freimütigkeit und Freiheitsdrang nur wünschen können. Der Löwe hält den Schlüssel in der Hand, mit dem die Leidenschaft des Schützen erschlossen werden kann. Sie können wunderbare Bettgenossen werden. Beide achten einander und genießen die Gesellschaft des andern. Sie teilen die Liebe zum Abenteuerlichen und setzen sich leichtfüßig über Schwierigkeiten hinweg. Ein wunderbares Verhältnis, und eine Ehe könnte im Himmel geschlossen werden.

Schütze und Jungfrau

Ihre Beziehung muß sich verschlechtern. Das unbekümmerte Wesen des Schützen treibt die Jungfrau zur Verzweiflung. In sexueller Hinsicht schlagen sie gelegentlich Funken, doch dann bleiben immer noch 23'/₂ Stunden des Tages übrig. Die belesene, stille Jungfrau, die ein ruhiges Leben liebt und sich gern geistig austobt, hat nicht viel gemeinsam mit dem leichtsinnigen, impulsiven, naturliebenden, sporttreibenden Schützen. Der Schütze seinerseits findet die Jungfrau todlangweilig. Eine solche Beziehung vergißt man am besten.

Schütze und Waage

Die Toleranz der Waage ist genau das, was der Schütze braucht. Die Waage wird sich die tollkühnen Eskapaden des Schützen mit liebevoller Belustigung ansehen. Beide sind für Sex empfänglich, und die verständnisvolle Waage wird aus diesem Partner das Beste herausholen. Sie haben Freude aneinander, finden wenig Grund zu Streit, haben viele Freunde und gemeinsame Interessen außerhalb des Hauses. Günstige Sterne sowohl für eine kurz- als auch für eine langfristige Beziehung.

Schütze und Skorpion

Der Schütze kommt dem leidenschaftlichen Wesen des Skorpions in die Quere. Unheil droht, wenn der Schütze seinem natürlichen Drang nach Freiheit und Unabhängigkeit folgt, denn der Skorpion braucht einen treuen Gefährten, auf den Verlaß ist. Der Jähzorn des Schützen kühlt schnell ab; der Ärger des Skorpions schwelt lange, bis er vulkanartig ausbricht. In körperlicher Hinsicht können sie eine Zeitlang harmonisieren, aber eine Ehe wäre keineswegs glanzvoll.

Schütze und Schütze

Eine aufregende, aber chaotische Kombination. Immerzu kocht etwas, aber wer schürt das Feuer? Die allgemeine Unberechenbarkeit des Lebensstils beider Parteien ergibt eine Zusammenstellung, die bei beiden das Schlimmste zutagefördert. Ihre Unruhe, ihr Bedürfnis nach Unabhängigkeit werden früher oder später die Freiheit suchen, auch die voneinander. Sie sind Schiffe, die sich nachts begegnen; auf einer langen Fahrt werden sie nicht im selben Hafen landen.

Schütze und Steinbock

Der vorsichtige, umsichtige Steinbock wird von der impulsiven Unbekümmertheit des Schützen zurückgestoßen. Die Forderungen des Steinbocks wirken aufreizend, und die offene, unverhohlene Reaktion des Schützen kränkt ihn. Auch das Geld bildet ein Problem – der Steinbock ist sparsam, der Schütze eher ein Verschwender, der alles kaufen möchte, was sich mit Geld erwerben läßt. Eine steigende Flut des Mißvergnügens überschwemmt diese beiden.

Schütze und Wassermann

Der vernünftige Wassermann kann diese Beziehung in der Balance halten. Sie haben die Abenteuerlust und die Vorliebe fürs Draußenleben gemeinsam. Sex wird immer neu entdeckt, sei es im Schlafzimmer, sei es im Wald auf einem Tannennadellager. Keiner ist eifersüchtig, keiner will den andern beherrschen. Die beiden werden ein vergnügliches, phantasievolles Liebespaar bilden, dessen Beziehung sich zu einer Ehe vertiefen kann.

Schütze und Fische

Keiner bringt die Verläßlichkeit mit, die der andere braucht. Es gibt Stunden der Leidenschaft, aber das Damoklesschwert hängt an einem dünnen Faden über dem Bett dieses Paares. Der Schütze fühlt sich durch die Schüchternheit des Fischegeborenen gehemmt; seine Tatkraft und sein Optimismus versinken allmählich in einem Sumpf der Depression. Ein sehr schwieriges Verhältnis und eine unmögliche Ehe.

Steinbock

22. Dezember – 19. Januar

Die Steinbockfrau

In ihren Leidenschaften herrscht Ordnung. Steinbockfrauen sind nämlich leidenschaftlich, nur fehlt ihnen der Mut zur Unmoral. Man muß sie dazu verführen, ihre Gemütsbewegungen auszuleben.

Erst wenn sie ihre zaghafte Einstellung zur Liebe überwunden haben, können sie die wahre Erfüllung kennenlernen. Mit andern Worten, wenn sie allzu vorsichtig sind, endet es damit, daß sie sogar in bezug auf die Vorsicht vorsichtig sind. Sie geben ihr Beiseitestehen auf, sobald sie selbstsicherer geworden sind und sich auch des andern sicher fühlen. Sie lieben es, geliebt zu werden.

Die Steinbockfrau schwebt nie in den Wolken, sondern steht mit beiden Beinen fest auf der Erde. Sie kann in sexuellen Dingen nicht impulsiv sein. Sie reagiert zwar mit gesunder Sinnlichkeit, aber sie hat sich gut in der Gewalt.

Sie ist bereit, sich bewundern und umwerben zu lassen, doch kein Mann kann sie vollständig besitzen. Sie weiß, was er wünscht, doch er wird nie genau wissen, was sie denkt. Vielen Männern erscheint sie schwer ergründbar. Andere empfinden ihre Distanziertheit als quälend, vielleicht weil sie spüren, daß sie damit außerordentlich starke Gefühle bemäntelt. Aber ihr fortwährendes An- und Abschalten kann den Liebhaber schließlich schwindlig machen.

Dennoch ... Wenn alle schillernden, glitzernden, blendenden Frauen Erinnerung geworden sind, wird sie bleiben. Sie ist diejenige, deren Telefonnummer man nie vergißt. Und wenn man nicht aus härterem Stoff gemacht ist als die meisten Männer, wird man nicht widerstehen können, ihre Nummer einzustellen ...

In Wirklichkeit verhält es sich so, daß sie Angst hat, sich zu verlieben, weil sie sicher sein möchte, daß sie den Richtigen gefunden hat. Sie braucht Schutz und Geborgenheit.

Hat sie sich einem Manne erst einmal ausgeliefert, so kann sie ihre Zuneigung nicht mehr zurücknehmen. Sie ist die Alles-oder-nichts-Frau. Sie ist ungemein treu.

Aber sie muß ihrerseits geliebt und begehrt werden. Darum ist sie zuerst so distanziert und vorsichtig; sie versucht die Möglichkeiten und Risiken abzuschätzen, bevor sie sich ausliefert. Wenn sie das Visier vor ihren Gefühlen heruntergelassen hat, weiß sie unglücklicherweise nicht immer, wann sie es öffnen muß. Der Mann aber, der sie wirklich gewonnen hat und sich ihrer Zuneigung wert erweist, wird eine leidenschaftliche Partnerin finden, eine Frau, die alles für ihren Geliebten tut.

Wenn sie bei der Wahl ihres Gefährten einen Fehler begeht, ist es gewöhnlich ein sehr großer Fehler. Doch manchmal vermag sie aus einem Fehler etwas Positives zu machen. Sie hat genügend Geduld, Kraft und Ausdauer dafür. Bei einem Willenskampf ist sie meistens die stärkere. Man hüte sich, sie zu verletzen. Sie wird weder vergessen noch vergeben. Ihre Rache kennt keine Grenzen.

Sie wird immer ein selbständiger Einzelmensch bleiben, der darauf besteht, sein eigenes Leben zu führen. Bei einer Affäre nimmt sie sich das Recht, auszugehen, wenn, wie und mit wem es ihr beliebt. In der Ehe fordert sie vielleicht ihr eigenes Auto, ihr eigenes Bankkonto. Auf irgendeine Weise wird sie zu verstehen geben: «Ich muß ich selbst sein.»

Trotzdem ist sie ganz Frau, und sie weiß um den Wert bezaubernder Schönheit. Sie hat einen Instinkt für Adrettheit und Sauberkeit, neigt zu Gründlichkeit, schminkt sich sorgfältig und hat in bezug auf Kleidung und Accessoires einen ausgesprochen weiblichen Geschmack. Andere Frauen fragen sie oft um Rat, wie sie sich anziehen sollen, um auf Männer zu wirken.

Sie ist berechnend. Sie wird versuchen, den Mann zu beherrschen und zu ihrem Vorteil zu benutzen. Schwache Männer fühlen sich zur Steinbockfrau hingezogen. Ihre Aufmerksamkeiten schmeicheln ihr, aber sie läßt sie nicht zu einer Last werden.

In der Jugend ist sie förmlich und zurückhaltend, doch mit der Zeit wird sie selbstsicherer. Gewöhnlich heiratet sie spät im Leben, nachdem sie manche Verhältnisse gehabt hat. Aber sie ist keines Mannes Sexspielzeug. Dazu ist sie zu gescheit. Ihre Leidenschaft geht so tief, daß sie ohne Liebe körperlich oder seelisch krank werden kann; trotzdem wird sie niemals nur einen Geliebten zum Lebensgefährten nehmen. Sie will einen Mann, der ihre sämtlichen Bedürfnisse befriedigt.

Um glücklich zu sein, muß sie fortwährend zu tun haben, und oft setzt sie sich für Wohltätigkeit oder für eine Sache ein. Sie nimmt das Leben recht ernst und ist zuinnerst von ihrer Fähigkeit überzeugt, ein hochgestecktes Ziel zu erreichen. Leider ist sie nie sicher, wenn sie es erreicht hat. Stets gibt es noch ein höheres Ziel in Reichweite, so daß sie erneut vom Ehrgeiz gepackt wird und sich abermals auf den Weg macht. Nie ist sie vollauf zufrieden.

Sie achtet Menschen, die erfolgreich sind, und sie läßt sich gern von ihnen belehren. Sie bewundert Autorität und gehorcht ihr. Ihre unselige Neigung zur Hochnäsigkeit ist leicht zu umgehen: Man mache ihr Komplimente. Sie schwelgt in Komplimenten. Sobald sie Vertrauen hat, akzeptiert und bewundert zu werden, wird sie menschlicher.

Die ruhige, unaufdringliche, kompetente Steinbockfrau erhält nicht immer, was ihr gebührt. Weniger Begabte stoßen sie gern beiseite. Allerdings nur eine Zeitlang. Zum Schluß wird sie trotz Rückschlägen, Entmutigungen, Enttäuschungen oder Verzögerungen siegen.

Das Sexleben der Steinbockfrau

Sie zündet schnell.

Mitunter kann man ihr Feuer mit einer kleinen Geste, einer Liebkosung entfachen. Und es wird kein schwelendes Buschfeuer sein, sondern eine lodernde Flamme.

Man darf nicht gekränkt sein, wenn sie ihr eigenes Zimmer haben möchte. Sie braucht das Alleinsein. Wenn sie in Stimmung ist – und das ist sie oft –, wird man entschädigt werden.

Sie braucht kein langes Vorspiel, denn sie steigert sich in Sekundenschnelle von 0 auf 180. Im Bett übernimmt sie gern die Führung. Man versuche ja nicht, sie zu überrumpeln. Sie will immer wissen, was als nächstes auf dem Programm steht.

Wegen ihrer eigenen sexuellen Ausdauer erwartet sie das gleiche vom Liebhaber. Ausgefallene Variationen interessieren sie nicht, einzig und allein Dauerpotenz. Ausgeklügelte Experimente lassen sie nicht den Himmel offen sehen. Schließlich kommt sie mit den konventionellen Varianten ja auch großartig ans Ziel! Sie kann nicht einsehen, wozu es nötig sein soll, sich mit der Akrobatik der einundvierzigsten Stellung an den Rand der Erschöpfung zu bringen, wenn doch die konventionelle Methode auf direkterem Wege zu gleichen Lustgefühlen führt. Wozu kompliziert, wenn's auch einfach geht?

Doch da sie gern die Führende ist, paßt es ihr oft, auf dem Mann zu sitzen. So beherrscht sie die Lage. Seine und ihre Finger mögen dabei nach Herzenslust spielen, wichtig ist, daß sie den ihr zusagenden Rhythmus bestimmt.

Ist der Rhythmus richtig, stürmt sie vorwärts zum Crescendo. Sie kratzt und schreit. Liebemachen wird zum wilden Wettlauf, mit Orgasmus als Preis. Der Mann kann sich darauf verlassen: Sie wird ihn erreichen. Mehr als einmal.

Sie hat gerne, wenn es lange dauert und ist mit einer ungewöhnlichen Fähigkeit für häufige Wiederholungen gesegnet. Sie genießt Cunnilingus, vollführt Fellatio aber nur als Wegbereitung zu ihrer eigenen Befriedigung. Eine einseitige Affäre, bei der sie im entscheidenden Augenblick im Stich gelassen wird, interessiert sie überhaupt nicht.

Ein Tip: Mit dem dicken Zeh an ihrer Klitoris spielen. Das dreht sie an. Ihre Achselhöhlen sind einer ihrer empfindlichsten Punkte und sollten ins Liebesspiel einbezogen werden.

Da sie in ihrem Geschlechtstrieb berechnend ist, grenzt ihr Bedürfnis nach Befriedigung manchmal an Nymphomanie.

Beim Höhepunkt will sie das Gefühl haben, die ganze Erde bebe. Alles übrige ist ihr gleich.

Vorsicht: Sie beißt gern. Das kann sehr stimulierend wirken, doch wenn sie unmittelbar vor dem Höhepunkt steht, weiß sie nicht, wie tief ihre Zähne ins Fleisch dringen. Dann tut's weh.

Sie kann auch zu Sadismus neigen. Ein masochistischer Partner kommt dann bei ihr auf seine Kosten. Denn wenn einer zuschlägt, dann ist sie es.

Die Steinbockfrau mag kalt erscheinen, aber das ist nur ein Schutzpanzer. Hat sie erst einmal den Panzer abgelegt, so kann man einige Überraschungen erleben.

Der Steinbockmann

Wenn man ihm mit einem freundlich-verabschiedenden «Gute Nacht» die Tür vor der Nase zumachen will, steckt bestimmt schon sein Fuß dazwischen. Ein Nein als Antwort läßt er nicht gelten. Eine Abfuhr ist keine Abfuhr; er wird es immer wieder versuchen, bis der Widerstand gebrochen ist.

Liebe ist für den Steinbock ebenso wichtig wie Essen und Schlafen.

Wahrscheinlich wird man schon bei der ersten Begegnung merken, daß dieser erdhafte, lustbetonte Mann von der Frau erwartet, daß sie sich seinen Wünschen fügt. Seiner Ansicht nach ist in jeder tugendhaften Frau eine Dirne verborgen. Er mißt auch dem Sexuellen an sich größeren Wert bei als der Frau, die daran beteiligt ist.

Der Steinbock hat nicht die angeborene Grausamkeit des Skorpions, aber seine stark ausgeprägte Sexualität macht ihn skrupellos. Unerfahrenheit oder Naivität nützt er unbekümmert aus, und er fühlt sich zu Partnerinnen hingezogen, die viel jünger sind als er selbst.

Er ist leidenschaftlich, sehr sinnlich und erträgt keine Ablehnung. Sprödigkeit und Prüderie läßt er nicht gelten, und reine Zeit zu verschwenden haßt er. Er hat jedoch Verständnis, wenn die Frau wirklich vernünftige Gründe hat, nicht sofort mit ihm ins Bett zu hüpfen; dann bringt er Geduld auf. Eine ehrliche Darlegung des Sachverhalts genügt. Aber wahr muß sie sein, man mache ihm ja nichts vor. Das mißfällt ihm nicht nur, sondern er durchschaut auch das Theater.

Er braucht grundsätzlich die Sicherheit, daß er geliebt wird. Er verlangt viel, denn er will, daß man sich vollständig an ihn bindet. Ermutigt man sein Ego genügend und läßt man ihn deutlich genug fühlen, daß man sich in seiner Gesellschaft wohlfühlt, liegt er an der Kette. Er ist treu. Er versteht nicht, warum so viele Männer herumstreunen müssen. Wieso braucht man andere Frauen, wenn man die Richtige gefunden hat? Der Steinbock ist zufrieden damit, einer Frau allein zu gehören.

Er ist lieber zu Hause als von einer Party zur anderen zu

rennen. Das heißt jedoch nicht, daß das häusliche Leben mit ihm langweilig ist. Der sexbetonte Steinbockmann kann von Schlafzimmeraktivitäten gar nicht genug kriegen, und je älter er wird, desto besser wird er. Sein Interesse an der körperlichen Seite der Liebe nimmt nie ab. Wenn andere Männer im Schaukelstuhl sitzen, versucht der alternde Steinbock immer noch, Frauen ins Schlafzimmer zu locken. Und seine Technik verbessert sich mit dem Alter nur noch.

Sosehr er auch eine befriedigende sexuelle Bindung braucht, das allein genügt ihm nicht. Die Frau muß ihn auch auf anderen Gebieten zufriedenstellen. Er erwartet von ihr, eine großartige Hausfrau und Gastgeberin, eine Arbeitskollegin, ein treuer Freund zu sein. Er möchte das Gefühl einer vom Schicksal bestimmten Zweisamkeit haben.

Er ist auf Geld ausgerichtet und dabei umsichtig, klug berechnend, kompromißlos. Er wird immer das tun, was er als seine Pflicht ansieht. Steht ein Wille gegen den andern, erwarte man von ihm keinen vernünftigen Kompromiß. Selbst wenn es so scheint, als lasse er mit sich reden, versucht er in Wirklichkeit nur Zeit zu gewinnen.

Bei ihm weiß man nie, was er im Schilde führt. Er kann seine Gedanken hinter der starren Maske des in sich Gekehrten verbergen. In einem Punkt besteht Gewißheit: Tief unter seiner ruhigen Oberfläche brennt ein geheimes Feuer.

Sein Vordringen zu einem gesteckten Ziel ist so unerbittlich und stetig wie ein Lavastrom. Er ist ein überzeugter Anhänger der Zielstrebigkeit. Er weiß, daß alles Talent der Welt nichts nützt, wenn man nicht fleißig ist. Das ist der Schlüssel zu seinem Erfolg sowohl in der Liebe als auch im Beruf.

Als geborener Manager klettert er in seinem Beruf gewöhnlich zur Spitze empor. Er ist praktisch, entschlossen und ehrgeizig. Wer ihm auf seinem Weg weiterhilft, wird

immer reichlich belohnt. Trifft ihn Unheil oder Mißge-
schick, ist er zäh, widerstandsfähig und beginnt von vorn.

Es stimmt, daß Steinbockmänner eher Geldheiraten eingehen als Vertreter anderer Tierkreiszeichen. Ihrem praktischen Wesen entsprechend, sehen sie keinen Grund, warum
Liebe nicht mit eigennützigen Interessen verbunden sein
sollte. Kann man sich nicht ebensogut in eine reiche Frau
wie in eine arme verlieben? Liebe in der Dachkammer ist
auch nicht romantischer als in einer Villa. Und den sexuellen
Appetit erhöht es bestimmt nicht, wenn man Mahlzeiten
überschlagen muß.

Trotzdem ist er im Grunde ein Sinnesmensch. Er sucht die
Höhen der Liebe durch rein körperliche Leidenschaft. Bei
einer Gefühlsbeziehung verlangt er viel und gibt so wenig
wie möglich von sich selbst. Er wird sich nicht überanstren-
gen, um gefällig oder charmant zu sein. Nach seinem Dafür-
halten ist Liebenswürdigkeit die unwichtigste Eigenschaft,
um Erfolg in der Liebe zu haben.

Das Sexleben des Steinbockmannes

Sex ruft das Beste hervor, das er zu bieten hat. Er glaubt –
und vermag jeden davon zu überzeugen –, daß ein Mensch
nur wirklich versteht, was Liebe ist, wenn er körperliche
Leidenschaft versteht. Der Koitus ist für ihn kein impulsiver
Akt. Er plant seine sexuelle Betätigung genauso wie sein
ganzes Leben.

Er bevorzugt Frauen, die wissen, was ihn erfreut, und ihn
nicht zwingen, den ersten Schritt zu tun oder sich allzu sehr
zu bemühen. Eine Brücke kann man schließlich nicht nur
auf einem Ufer bauen. Eine Frau muß die kleinen Kniffe
erlernen, die ihn erregen, und für Überraschungen sorgen,

die ihn erfreuen. Er erwartet von ihr, daß sie begeistert bereit ist, wann immer er sie begehrt.

Er ist stolz auf seine sexuelle Potenz und seine Fähigkeit, eine Frau ohne Anstrengung von seiner Seite zu befriedigen. Er hat die Durchhaltekraft eines Marathon-Läufers und kann durchhalten, bis auch die Partnerin durchs Ziel geht.

Unter Steinböcken findet man den Mann, der imstande ist, sich kurz vor dem Orgasmus zurückzuziehen, Fellatio zu verlangen und sich immer noch zurückzuhalten, bis sie am liebsten schreien möchte. Sex ist für ihn ein Ritual, ein Sichbefreien von Zwängen und Spannungen, die ihm gar nicht bewußt sind, die er aber nur auf diese Weise loswerden kann.

Wenn die Frau aus irgendeinem Grunde ausschert, ficht ihn das nicht an. Er macht einfach alleine weiter, bis sie zurückkehrt.

Liebe muß für ihn an einem bequemen Ort stattfinden, auf einem gutgepolsterten Bett oder auf einem dicken Bärenfell vor dem Kamin. Gedämpftes Licht, leise Musik und etwas Exquisites zu trinken gehören dazu.

Man sage ihm ja nicht, was er tun oder wie er es tun soll. Entspannung ist das Gebot der Stunde. Er setzt seinen Stolz darein, seine Partnerin zu befriedigen. Er spürt, was sie gern hat, und wird es noch verbessern. Wenn sie ihn wissen läßt, wie sehr sie die Liebe mit ihm genießt, wird ihn das ermuntern, und er wird sich selbst übertreffen.

Seine bevorzugte Technik: Sinnlich tanzen und sich langsam dabei ausziehen. Er vollzieht sogar den Akt im wiegenden Rhythmus des Tanzes. Ist seine Partnerin bedeutend kleiner als er, nimmt er sie vielleicht auf die Arme, und sie klammert sich mit den Beinen um seine Taille. Ein anderer erotischer Tip für den Umgang mit dem Steinbockmann: Die Brustwarze in die Öffnung seines Penis stecken. Das liebt er, und man hat einige Punkte bei ihm gewonnen.

Da er stolz auf seine Ausdauer ist, tut er einiges dafür. Zum Beispiel einen sogenannten Penis-Ring benutzen, der das Glied an der Wurzel umschließt und so eine lange Erektionsdauer ermöglicht.

Da der Steinbockmann in jungen Jahren Mädchen gegenüber gehemmt ist, neigt er zur Selbstbefriedigung, oft gemeinsam mit anderen Vertretern seines Geschlechts. Er kann solche Gewohnheiten unter Umständen beibehalten.

Steinböcke neigen überhaupt leicht zu Perversitäten. Um ihre Merkwürdigkeiten zu verstehen, muß man sich klarmachen, daß ihre totale Hingabe an sich selbst verhindert, Rücksicht auf den Sexpartner zu nehmen.

Wenn der Steinbock auf Widerstand stößt, wendet er unter Umständen Gewalt an.

Erogene Zonen

Der Steinbockmann liebt es, wenn die Partnerin mit ihren Brüsten sanft über seinen Körper streicht. Das kann ihn bis zum Wahnsinn treiben.

Die Leidenschaft der Steinbockfrau steigert sich stürmisch, wenn der Mann sie auf den Nabel oder in die Kniekehlen küßt. Die Partie rings um den Nabel ist bei ihr besonders sensibel, und sie reagiert auf erotische Stimulation der Kniekehlen ebenso stark wie andere Frauen an der Innenseite der Schenkel.

Jeder Steinbock, Mann wie Frau, reagiert auf sanftes Streicheln des Rückens, von unten nach oben, zu beiden Seiten der Wirbelsäule, das dann mit sanftem Kreisen mit der Zunge fortgesetzt wird.

Viele Steinböcke sind für Axilismus empfänglich. Darunter ist die Empfindsamkeit der Achselhöhle zu verstehen, bei ihnen eine ausgesprochene erogene Zone.

So fängt es an

Der Steinbock ist arbeitsam und ehrgeizig. Man findet ihn häufig in Fortbildungskursen und Bibliotheken. Da er sich für Wohltätigkeit einsetzt, stellt er sich gern in den Dienst entsprechender Organisationen. Um ihn kennenzulernen, braucht man sich nur einer solchen Organisation anzuschließen und Seite an Seite mit ihm zu arbeiten.

Steinböcke sind jedoch klug, und sie können gut unterscheiden, ob ein Mensch aufrichtig oder nur aus eigennützigen Gründen handelt. Sie kennen auch den Unterschied zwischen einem ehrlich gemeinten Kompliment und einer glattzüngigen Floskel. Man sollte ihnen keine allzu blumigen Briefe schreiben und auf überschwengliche Liebeserklärungen verzichten. Sie sind leicht bereit, derartige Demonstrationen als unecht abzutun.

Der Steinbock interessiert sich für Kunst und Theater und fühlt sich zu geistig anregenden Menschen hingezogen. Man diskutiert am besten mit ihm über Bücher, Malerei, Musik, Politik, aber man muß auf diesen Gebieten beschlagen sein und etwas Interessantes zu sagen haben. Niemals eine Meinung oder Einstellung äußern, die man nicht wirklich vertritt! Der Steinbock entlarvt einen Angeber schnell. Andrerseits spielt er gern die Rolle des Professors. Man geht nie fehl, wenn man seine Unwissenheit zugibt und sich von ihm belehren läßt.

Bei gesellschaftlichen Anlässen hält sich der Steinbock meistens als Beobachter im Hintergrund auf. Im allgemeinen zählt er nicht zu den vor Geist sprühendsten Leuten. Eher erschließt er sich, wenn man ein Gespräch über ein ernstes Thema anknüpft. Er ist über die Ereignisse in der Welt auf dem laufenden und erwartet vom andern das gleiche. An sich ist es nicht schwer, sein Interesse zu wecken; man darf sich nur nicht in Banalitäten ergehen.

Steinböcke kennen den Wert des Geldes und sammeln gern wertbeständige Dinge. Man kann der Steinbockfrau natürlich einen Brillantring schenken, aber noch vielmehr freut sie sich über einen weniger kostspieligen antiken Ring, dessen Wert im Verlauf der Jahre steigen wird. Der Steinbockmann hat Freude an einem seltenen Buch, einem Originalgemälde, dessen Schöpfer zukünftigen Ruhm verspricht. Das Bild könnte ja eines Tages als Meisterwerk gelten!

Ein Hinweis: Steinböcke hängen an ihrer Familie. Mutter oder Schwester mit einzuladen, kann sich als gute Investition erweisen.

Er ißt gern gut und in guter Umgebung. Auf die Auswahl von Speisen und Getränken sollte man Sorgfalt verwenden, der Tischkultur sein besonderes Augenmerk schenken. Dem Steinbockmann macht eine Frau Eindruck, die von der Küche etwas versteht. Und er läßt sich gern verwöhnen.

Steinböcke sind gegen billige oder kitschige Dinge allergisch. Für sie muß alles erstklassig sein. Oder zumindest so aussehen!

Ende der Affäre

Wenn der Steinbock genug hat, verschwindet er einfach. Ohne lautes Wort, ohne Streit, ohne Gewalttätigkeit. Er ist einfach weg.

Ihn dahin zu bringen, ist nicht schwer.

Man mache sich über seine Schwerfälligkeit lustig und

werfe ihm Stumpfsinn vor. Man erkläre ihm, er sei langweilig.

Steinböcke ertragen es nicht, die Zielscheibe des Spottes zu sein. Obwohl sie Sinn für Ironie haben, darf sie nicht ihnen selbst gelten. Zutiefst verhaßt ist es ihnen, wenn ihnen ein Streich gespielt wird. Obszöne Witze mögen sie ebensowenig.

Kritik ertragen sie nicht. Außerdem kränkt es sie in der Seele, wenn einer ihrer Angehörigen verunglimpft wird.

Man gebe Geld für belangloses Zeug aus.

Man spiele den Eifersüchtigen. Der Steinbock verübelt es sehr, wenn man sich Besitzerrechte anmaßt, die seinem hochentwickelten Sinn für das Eigenleben zuwiderlaufen.

Man bringe Unordnung in den Stundenplan und lasse jegliche Disziplin vermissen. Der Steinbock lebt gern nach Programm und braucht ein geregeltes Leben.

Man umgebe ihn mit einem Wirbel von Geselligkeit. Das macht ihn unglücklich. Und wenn man dabei noch zu viel trinkt, ist es aus.

Der Steinbock verschwindet auf Nimmerwiedersehen!

Wer mit wem, wie und warum

Steinbock und Widder

Beide haben einen starken Willen, sind aggressiv und lassen sich nicht herumkommandieren. Die Szenerie dürfte sich eher für einen Zweikampf als für eine Liebesromanze eignen. Im Bett mag zwar Harmonie herrschen, aber es wird Streitigkeiten über Geld, Beruf, Freunde, vor allem über die Frage, wer zu entscheiden hat, und wer Karriere macht, geben. Fehlt nur noch ein bißchen Eifersucht, und das Faß läuft über. Ein Verhältnis könnte angehen, eine Ehe ist wenig vielversprechend.

Steinbock und Stier

Beide bleiben am liebsten zu Hause, beide kennen den Wert des Geldes, und beide halten Sicherheit für das wichtigste. Der Stier hat Geduld, und der Steinbock ist gewillt, für ein gemeinsames Ziel fleißig zu arbeiten. In sexueller Hinsicht kann dieses Paar vom höchsten Glück träumen – und den Traum verwirklichen. Der Ehrgeiz des Steinbocks paßt auch gut zu der Entschlossenheit des Stiers. Rundherum die besten Aussichten.

Steinbock und Zwillinge

Die sexuelle Veranlagung ist grundlegend verschieden. Die Zwillingsgeborenen sind impulsiv, kokett, leicht erregbar. Der Steinbock ist langsam, vorsichtig und treu. Jede Anziehung ist die berühmte Anziehung der Gegensätze, sie kann nicht von Dauer sein. Der ehrgeizige, materialistische Steinbock wird die kapriziöse, unschlüssige Art der Zwillinge nicht lange tolerieren. Liebe kann nicht alles überwinden.

Steinbock und Krebs

Der Krebs ist in sexueller Hinsicht ein wenig scheu, aber der Steinbock übernimmt gern die Führung. Wenn beide anfangs etwas mehr aus sich herausgingen, würde das helfen. Wenn sie es im Schlafzimmer zu einer gewissen Harmonie bringen, könnten sie andere Hindernisse überwinden. Im Tierkreis stehen sie auf entgegengesetzten Seiten, und das wirkt sich aus. Der Steinbock wird für den empfindlichen Krebs zu anspruchsvoll und dominierend werden. Die Dauer einer Liebesbeziehung ist nur eine Frage der Zeit.

Steinbock und Löwe

Der Löwe findet, daß der Steinbock mit Liebe geizt und sie nur in kleiner Münze austeilt. Der Steinbock ist auch ein zu phantasieloser Partner für den Löwen, der im Bett mehr Feuer wünscht. Sie passen körperlich nicht gut zusammen, und sie gehören beide unabhängigen und dominierenden Zeichen an, die außerhalb des Schlafzimmers herrschen wollen. Bei einem Verhältnis kann über diese Differenzen hinweggesehen werden; in der Ehe geht das nicht so gut.

Steinbock und Jungfrau

Das praktische Denken des Steinbocks und die Adrettheit der Jungfrau passen sehr gut zusammen. In sexueller Hinsicht verflüchtigt sich das anfängliche Prickeln schnell, aber auf anderen Gebieten herrscht so schöne Übereinstimmung, daß dies vielleicht keine entscheidende Rolle spielt. Beide sind zuverlässig, konservativ, verständnisvoll, und das sind gute Voraussetzungen für eine Vereinigung, die von Dauer ist, auch wenn es ihr an Überschwang fehlt.

Steinbock und Waage

Der Charme und der Sex-Appeal der Waage ziehen den Steinbock zuerst an, aber wenn der Lack etwas ab ist, findet der Steinbock die Waage meistens bald einmal allzu egozentrisch und vermißt das Eingehen auf seine sexuellen Bedürfnisse. Da er seine Gefühle nicht auszudrücken vermag, sieht er sich nach einem andern Menschen um. Eine dornenvolle Angelegenheit. Eine Ehe wird nicht gut gehen, es sei denn, der aus dieser Verbindung resultierende finanzielle Gewinn befriedigt den Steinbock.

Steinbock und Skorpion

Die sexuelle Beziehung ist zufriedenstellend. Der Skorpion ist phantasievoller, der Steinbock methodischer, aber sie können sich einander annähern, und das gute Einvernehmen im Schlafzimmer wirkt sich auf andere Gebiete aus. Beide haben einen starken Willen, aber der Skorpion wird dominieren. Der Steinbock versteht, daß die Besitzgier des Skorpions im Grunde ein Symptom der Liebe ist. Ein leidenschaftliches Verhältnis und eine glückliche Ehe.

Steinbock und Schütze

Der Steinbock liebt gern in behaglicher Umgebung, der Schütze würde auch mit einem Straßengraben vorlieb nehmen. Der Steinbock möchte daheim bleiben, der Schütze ist ein Stromer. Der Steinbock ist vorsichtig, konservativ und auf Sicherheit aus, der Schütze ist eine Spielernatur. Extravagant und verantwortungslos muß der Schütze den haushälterischen, pflichtbewußten Steinbock zwangsläufig verärgern. Kein gesegnetes Verhältnis und eine unglückliche Ehe.

Steinbock und Steinbock

Der romantische Höhenflug endet schnell in Routine. Das kann nur gut ausgehen, wenn beide bereit sind, sich mit weniger zufriedenzugeben, als sie erhofft haben. Keiner wird experimentieren oder versuchen, den Horizont zu erweitern. Das Schlafzimmer wird eine Vorstadt von Langeweilheim. Andrerseits arbeiten beide angestrengt, sind frugal und ernst veranlagt. Ein Verhältnis oder eine Ehe mag nicht sehr amüsant sein, aber die beiden können einander genügen.

Steinbock und Wassermann

Ein Beispiel dafür, wie schnell aus einer Liebesbeziehung Freundschaft werden kann. Im intimen Zusammenleben wird der Steinbock mit dem Wassermann kaum fertig. Der Wassermann bevorzugt unorthodoxen Sex, der Steinbock die konventionelle Art. Der freiheitsliebende, unkonventionelle Wassermann kann in den steten, praktischen Steinbock nicht verliebt bleiben. Ein erträgliches Verhältnis, eine Ehe erfordert echte Anstrengungen.

Steinbock und Fische

Die Fische werden versuchen, den Steinbock zu betrügen, wie das ihre Art ist. Der Steinbock kann aber damit fertig-

werden. Im Bett wird er führen und die Fische ihm bald
eifrig folgen. Fischgeborene sind auch liebevoll genug, um
den Steinbock glücklich zu machen und ihm Geborgenheit
zu geben. Diese beiden so verschiedenen Typen können sehr
wohl ihre gegenseitigen seelischen Bedürfnisse stillen. Gute
Aussichten für eine Affäre oder eine längerdauernde Beziehung.

Wassermann

20. Januar – 18. Februar

Die Wassermannfrau

Sie will nicht als Sexobjekt betrachtet werden. Ihren hohen Maßstäben ist nicht leicht zu entsprechen, und sie verlangt unbedingt, daß ein Liebhaber ihr die gebührende Achtung entgegenbringt.

Zur Eile angetrieben werden mag sie gar nicht. Beim ersten Stelldichein erwarte man ja nicht, daß der Abend im Bett enden wird. Auch die zweite Zusammenkunft ist für sie noch nicht der Beginn einer Liebelei. Sie ist nicht prüde, aber man muß sie überzeugen, daß sie nicht einfach als Gelegenheitsliebchen angesehen wird.

Die Wassermannfrau ist empfindsam und hat einen starken Intellekt. Sie ist durchgeistigt.

Freunde regen sie an. Sie ist gern unter Menschen, schwelgt in Geselligkeit und ist immer bereit, von Leuten, die sie mag, eine Einladung in letzter Minute anzunehmen. Da sie im Grunde ehrlich und offen ist, kann sie schlecht lügen. Sie möchte nicht die Unwahrheit sagen. Wenn sie einem Menschen zugetan ist, legt sie ihre Seele bloß, oft auf unkluge Weise.

Sie verstrickt sich ins Leben anderer, und das mit großer Hingebung. Manchmal erteilt sie Ratschläge, die weder gebraucht noch gewünscht werden.

Männerarbeit macht ihr nichts aus. Wenn nötig, würde sie einen Job als Automechaniker, Straßenbauer oder Maurer annehmen; doch meistens findet man sie auf einem hohen leitenden Posten.

Sie spricht auf Herausforderung an. Sie begrüßt jede neue Gelegenheit, übernimmt jede neue Verantwortung, weil sie überzeugt ist, allen Anforderungen gewachsen zu sein. Da sie intelligent ist, vor keinem Versuch zurückschreckt und die Beweggründe anderer versteht, hat sie auch meistens Erfolg. Am besten entfaltet sie sich in der Zusammenarbeit mit anderen, eine Eigenschaft, die kluge Leute sehr zu schätzen wissen.

Als echte Humanistin liegen ihr die Weltprobleme am Herzen. Man findet sie an der vordersten Front im Kampf für soziale Gerechtigkeit und immer auf der Seite der Unterdrückten. Ihr angeborenes Einfühlungsvermögen und Mitgefühl machen sie sehr empfänglich für die Leiden anderer. Aber sie gehört nicht zu den sich zur Schau stellenden Wohltätern, die als Entgelt für ihre Bemühungen Anerkennung und Liebe verlangen. Sie vertieft sich so sehr in die Arbeit selbst, daß sie die Menschen, für die sie tätig ist, beinahe aus den Augen verliert. Sogar wenn sie ganz stark beteiligt ist, tritt dieses Unpersönliche, Distanzierte zutage.

Vor allem aber hat sie den Mut, zu ihren Überzeugungen zu stehen und wird ihnen bis zum bitteren Ende treu bleiben. Wenn ein Projekt fehlschlägt, ist sie nicht niedergeschlagen, weil man ihres Erachtens von einem Mißerfolg ebensoviel lernen kann wie von einem Erfolg. Ein würdiger Versuch, der fehlschlägt, ist für sie mehr wert als irgendein geringfügiger Erfolg, denn er bedeutet für sie die Herausforderung, die Sache nochmals anzupacken und einen zweiten Versuch zu machen.

Sie ist zwar bezaubernd, unterhaltend und phantasievoll, aber sie kann auch eigensinnig sein. Zum Beispiel neigen viele Wassermannfrauen zum Okkulten, und man wird feststellen, daß es unmöglich ist, sie von ihrem Glauben ans Übersinnliche abzubringen. Wenn sie überzeugt sind, etwas zu «wissen», lassen sie sich weder durch Argumente noch durch Tatsachen ins Wanken bringen. Sie berufen sich darauf, daß sich sogenannte Tatsachen oft als falsch erweisen, wenn man sie nur aus Aspekten betrachtet, die andere gar nicht sehen. Wenn sie sich einmal ihre Meinung gebildet haben, kann kein anderer sie dazu bringen, sie zu ändern.

Da die Wassermannfrau ein tiefes Bedürfnis nach Liebe und Kameradschaft hat, findet sie das andere Geschlecht ungemein anziehend. Sie sucht jedoch den vollkommenen Gefährten und hat große Schwierigkeiten, sich zu entschließen. Infolgedessen heiratet sie meistens spät im Leben, und ihre Wahl überrascht dann ihre konventionellen Freunde. (Überhaupt schockiert sie ihre konservativen Bekannten immer mit ihrer Einstellung zu Streitfragen). Sie ersehnt einen Mann, der es ihr ermöglicht, sich wirklich als Frau zu fühlen; Rasse, Hautfarbe und Religion spielen dabei gar keine Rolle.

Sie liebt schöne Dinge, einschließlich aller Teile des menschlichen Körpers. Man sollte nicht vergessen, ihr zu sagen, wie wundervoll man ihren nackten Körper findet. Diese Frau braucht Bewunderung.

Sie ist sehr ordentlich. Während der Mann sich wohlig und faul auf dem zerwühlten Lager räkelt, steht sie auf, um das Bett zu machen.

Sie kann intensiv, nervös und, wenn frustriert, nörgelig sein. Sie ist auch verschwenderisch und in bezug auf persönlichen Komfort sogar extravagant. Natürlich wird sie niemals zugeben, daß das ein Fehler sei. Sie findet Menschen, die ihr Leben der Jagd nach dem Geld widmen, oberflächlich oder nicht ganz normal. Geld ist für sie nur zum Ausgeben da – man kauft sich damit, was man sich wünscht. Und sie tut alles, um das zu bekommen, was sie sich wünscht.

Das Sexleben der Wassermannfrau

Sie ist ein Langsamstarter. Der animalische Trieb steht bei ihr nicht im Vordergrund, im Gegenteil. Sie idealisiert die

Liebe. Sie muß viel Zärtlichkeit einschließen. Liebe ist die Musik Mozarts und nicht die der Rolling Stones. Man darf im Bett von ihr keine rückhaltlose Ungehemmtheit erwarten.

Aber wenn man sie erst einmal geweckt hat, ist alles möglich. Sie ist außerordentlich phantasievoll und schöpferisch und gefällt sich darin, neue Wege zur Wollust zu erproben. Es gibt nichts in einem Sex-Handbuch, was sie nicht ausprobieren würde, und wahrscheinlich wird sie die Variationen erneut variieren.

Sie findet alles lohnend, was das Vergnügen ihres Liebhabers steigert. Man braucht ihr nur einen Vorschlag zu machen, und schon ist sie dafür zu haben.

Sie überschüttet den Geliebten mit Zärtlichkeiten – und dieses Wort ist abgeleitet von «zart». Ihre Wärme und ihre Verständnisinnigkeit wirken sich besonders bei gehemmten Männern und bei psychisch bedingter Impotenz aus. Durch ihr ausgeprägtes Mitgefühl mit sexuell Benachteiligten ist sie eine ideale Bettgenossin für ältere Männer, die Schwierigkeiten haben. Tatsächlich kommen Wassermannfrauen oft zu kurz, weil sie in ihrem Verlangen, gefällig zu sein, die eigenen Bedürfnisse hintenanstellen. Wenn sie enttäuscht werden, suchen sie Erleichterung in der Selbstbefriedigung.

Die Wassermannfrau ist eine leichte Beute für die Ehemänner, die angeblich von ihren Frauen nicht mehr verstanden werden. Sie wird zum Spielball desjenigen, der ihr Mitgefühl ausnützt, denn wenn sie einen Mann wirklich liebt, muß sie seine Seele genau so lieben wie seinen Körper. Zum Glück wissen viele Wassermannfrauen, daß die Seele des Mannes sozusagen sein erotischstes Organ ist, und sie massieren dieses Organ zärtlich und zart.

Sie kennt kein Tabu, und sie hat immer neue eigenwillige Einfälle. Ihr Bedürfnis, dem Mann höchste Wollust zu bereiten, ist so stark, daß sie alles tut, was er wünscht. Wenn es ihrem Liebsten gefällt, ist es eben richtig. Ihr selbst gefallen die verspielten Dinge am besten, wie etwa mit den Augenwimpern den Penis des Partners streicheln, bis er aufstöhnt.

Ihre besondere Schwäche für ältere Männer kann in extremen Fällen bis zu einem inzestähnlichen Verhältnis führen. Wenn sie einen verwitweten Vater hat, opfert sie sich geradezu für ihn auf. Ebenso verhält sie sich zu dem zu kurz gekommenen Bruder.

Dieses «Verständnis» dehnt sich auch auf Frauen aus. Die Wassermannfrau wird oft in ein lesbisches Verhältnis getrieben, nur weil es ihr unerträglich ist, eine Freundin unter Sexmangel leiden zu sehen.

Der Wassermann-Mann

Der erste Kontakt muß sich auf geistigem Gebiet ergeben. Er muß die Frau erst als Menschen achten können, bevor er für ihre weiblichen Reize empfänglich ist. Erst wenn er geistig angeregt ist, wird er auch fürs Körperliche zugänglich. Ohne geistige Übereinstimmung kann er nicht zu sexueller Erfüllung gelangen.

Der Wassermann ist entschieden kein Einzelgänger. Er ist großzügig, aufgeschlossen, interessiert sich stark für andere Menschen. Eigentlich ist er nur glücklich, wenn er ins Leben anderer verwickelt wird. Er hat viele Freunde und kann frisch und munter eine ganze Nacht die Probleme eines Freundes diskutieren. Er sucht immer nach einer Lösung, nach der Wahrheit. Er ist ein ausgesprochener Analytiker. Am besten weckt man sein Interesse, wenn man ihm ein persönliches Problem unterbreitet. Er ist stets neugierig, erfindungsreich, hilfsbereit.

Scheu und passiv von Natur, wartet er gewöhnlich, bis die Frau den ersten Schritt tut. Sie muß die Initiative ergreifen, wenn sie mit ihm eine Verabredung treffen will. Das heißt jedoch nicht, daß er gleichgültig ist. Für ihn ist Leidenschaft mit Freundschaft verquickt, und Freundschaft entsteht nicht über Nacht.

Er wird nicht gerade von Starkstrom angetrieben. Auch nicht im Beruf. Er ist ein schöpferischer, aber kein harter Arbeiter. Man muß ihn von Zeit zu Zeit aufpulvern, aber sehr taktvoll, denn der Wassermann lehnt sich gegen Beherrschung auf. Er mag keine langen Erklärungen abgeben, und ein kleines Mißverständnis kann ihn in sein Schneckenhaus treiben. Äußerlich zwar kühl, ist er doch sehr gefühlsbetont.

Konformismus darf man nicht von ihm verlangen. Mit Tradition befaßt er sich nur insoweit, als sie bricht. Nur so gibt es seiner Meinung nach Fortschritt. Wie ein Wassermann einmal gesagt hat: «Man kann die ganze Welt bereisen, und man wird kein Denkmal für einen Menschen finden, der den Status quo begünstigt hat. Niemand errichtet einem Konservativen ein Denkmal.»

Es ist reine Zeitverschwendung, ihn festnageln zu wollen. Er muß frei und unabhängig sein. Natürlich reist er gern. Seine Unabhängigkeit hat öfters die unselige Folge, daß er trotz großem Bekanntenkreis keine wirklich tiefe Freundschaft entwickeln kann. Er scheut die Bande, die fesseln, auch wenn es die Bande der Freundschaft sind.

In Gesellschaft gibt er sich liebenswürdig und scheint entzückt zu sein, neue Menschen kennenzulernen, doch früher oder später merken diese, daß eigentlich kein wirklicher Kontakt besteht. Wassermänner entschlüpfen einem wie Quecksilber aus der Hand. Er fühlt sich schnell gelangweilt und wendet sich dann anderen Menschen, anderen Jagdgründen zu.

Einer Herausforderung tritt er direkt entgegen, sowohl im Beruf als auch beim Sport. Er haßt das «Anwärmen», viel lieber würde er sich sofort in den Wettbewerb stürzen. Im Zeichen des Wassermanns geborene Schauspieler sind bekannt dafür, daß sie ihren Text sehr schnell lernen und ihre Rolle schon bei der Stellprobe auswendig können. Der Wassermann ist für die Bühne begabt und ein vorzüglicher Redner; er hat eine ungewöhnliche Gabe, andere zu überzeugen.

In der Liebe reagiert der Wassermann auf subtile Annäherung und zeichnet sich durch Zärtlichkeit aus. Er ist in sexueller Hinsicht phantasievoll – eine frigide Frau bleibt bei diesem Liebhaber nicht lange frigid.

Leider verliert er sich oft lieber im Träumen als im Tun und verschwendet seine Sexenergien an erotische Phantastereien und Selbstbefriedigung.

Er ist ruhelos und ewig auf der Suche nach der vollkommenen Gefährtin. Er verliebt sich leicht, zögert aber, zu heiraten. Wer ihn sich schließlich angelt, wird feststellen, daß ihm ein großartiger Fang geglückt ist. Er ist scharfsichtig, gütig, expressiv, lebhaft und ein guter Menschenkenner. Er liebt die Menschen wirklich und ist bei ihnen beliebt. Mag er auch äußerlich kühl erscheinen, in seinem Innern schwelt es.

Überdies: Obwohl er sich stets zum Neuen und Ungewöhnlichen hingezogen fühlt (Uranus, der Planet des Unerwarteten, ist sein Herrscher), ist er im Grunde treu. Wenn er gelegentlich flirtet, geschieht es nur, weil das Unbekannte ihn neugierig macht. Man lasse ihm den Zügel locker, und er wird brav wieder heimkommen.

Er kann sehr unterhaltend und anregend sein – für die richtige Frau.

Das Sexleben des Wassermann-Mannes

Er interessiert sich für die Frau als Menschen, nicht als ein Sexobjekt, für ihren Geist und ihre Seele ebenso wie für ihren Körper.

Er nähert sich ihr langsam und rücksichtsvoll. Er genießt die Ouvertüre eine ganze Zeit, bevor er aktiv wird. Das steht im Widerspruch zu seiner Abneigung gegen das «Anwärmen» auf anderen Gebieten, doch die Erklärung ist einfach. Die Ouvertüre ist für ihn ein wichtiger Teil des ganzen Stücks.

Man könnte hinter dieser geduldigen Annäherung einen wahren Liebeskünstler vermuten, wenn er nicht die unselige Neigung hätte, die Präliminarien allzu lange hinzuziehen. Mitunter muß er ein wenig auf Trab gebracht werden. Er kann sich dem Vorspiel mit solcher Begeisterung widmen, daß er tatsächlich den Höhepunkt aus den Augen verliert. Im Bett fehlt es dem Wassermann manchmal an Entschlußkraft.

Doch wenn der Motor einmal läuft, ist er ein phantasievoller und ausdauernder Liebhaber. Er wird dafür sorgen, daß die Frau ihr Ziel erreicht. Man kann ihn ebensowenig von seinem Lauf ablenken wie einen Fluß.

Eine Frau, die weiß, was sie will, kann ihn zu allem bringen. Es muß nur taktvoll geschehen, unter Umständen mit Verführungskunst. Er wird die neuesten und ausgefallensten Erotika ausprobieren.

Das Bett ist für den Wassermann ein Spielplatz, und selten spielt er eine Szene auf dieselbe Weise. Er ist ein wahrer Sex-Wissenschaftler, und begierig liest er zu diesem Thema alle Bücher, deren er habhaft werden kann. Er ist der Typ, der die Kama Sutra durchackert und alle Stellungen mindestens einmal ausprobiert.

Da ihn dieselbe Stellung bald langweilt, liebt er kompli-zierte Variationen. Manchmal bringen seine Experimente eine Partnerin zu ungeahnter höchster Ekstase, zu andern Zeiten fühlt sie sich überfordert, unbefriedigt oder verspürt Schmerzen. Leider kann man ihn mit dem Argument, was er tue, sei unmoralisch oder anomal, von nichts abhalten. Der Wassermann ist das toleranteste, liberalste Zeichen des Tier-kreises, also ist diesem Mann nichts Menschliches fremd.

Weil der Wassermann so gern experimentiert, ist er häufig bisexuell. In der heterosexuellen Beziehung bevorzugt er das Ausgefallene und Unkonventionelle. Sein Autoerotizismus beeinträchtigt manchmal seine sexuelle Funktion, und es er-geben sich Probleme wie verzögerte Ejakulation und Impo-tenz. Die Eroberung ist ihm oft wichtiger als der Sex an sich. Seine Vorliebe für Neues und seine unersättliche Neugier können ihn zu gefährlichen Perversitäten bringen, etwa zu Sadismus. Wenn er anfängt, mit Streichhölzern zu spielen, greife man schleunigst nach den Kleidern und verschwinde!

Erogene Zonen

Die empfindsamsten Körperteile sind die Waden und die Fesseln. Jede Stellung, die diese Zonen miteinbezieht, wird sofort sinnliche Lust entfachen.

Man reibe mit der Handfläche von der Fessel an die Wade aufwärts, liebkosend, fast geistesabwesend. Über die Reak-tion des Wassermanngeborenen kann man sich freuen.

Liebe im Stehen gibt der Frau die Möglichkeit, ihre Wade in die Kniekehle des Mannes zu haken, so daß Fessel und Fuß seine Wade berühren. Die natürlichen Bewegungen beim Akt bewirken ein Aneinanderreiben der erogenen Zo-nen. (Besonders wirkungsvoll im Schwimmbecken!) Alle

Stellungen, die den Kontakt mit Wade und Fessel zulassen, werden die sexuelle Befriedigung des Wassermanns erhöhen.

Wassermanngeborene sind nur für sanfte Berührungen empfänglich. Alles andere schlägt sie in die Flucht.

So fängt es an

Es ist nicht schwer, einen Wassermann aufzuspüren. Man kann ihn auf einer Gesellschaft finden, in einem Fortbildungskurs, auf Reisen, in der Kirche (er kann sehr religiös sein), im Theater oder in Konzerten (er liebt Musik).

Wassermänner umgeben sich gern mit Menschen und sind groß im Organisieren von Zusammenkünften.

Auf einer Party sind sie leicht zu erkennen. Man halte nur Ausschau nach einer magnetischen Persönlichkeit, einem faszinierenden Gesprächsteilnehmer, der sich auch im Kreise oberflächlicher Leute nicht mit dem üblichen banalen Geschwätz abgibt. Wassermanngeborene sprechen über Ideen und Ereignisse.

Wer nicht viel liest oder keine Begabung für echte Gespräche hat, für den ist der Wassermann kaum geschaffen. Wie will man ihn dann fesseln? Angenommen, man hat mit ihm etwas gemeinsam: In diesem Falle ist die Grundlage gegeben. Was kann man dann tun, um in seinen Augen Gnade zu finden?

Den Vorschlag für ein Wiedersehen muß man selbst machen. Nicht vergessen, daß der Wassermann im Grunde passiv ist. Schüchternheit ist also fehl am Platz, im Gegenteil, der Wassermann reagiert auf Kühnheit und Zutraulichkeit.

Das erste gemeinsame Unternehmen sollte intellektuell anregend sein: Ein Vortrag über ein umstrittenes Thema, ein außergewöhnlicher Film, ein modernes Theaterstück. Alles wird gut gehen, wenn man den Wassermann geistig anregt. Er ist ein Zeitgenosse im wahrsten Sinn des Wortes und über die neueste künstlerische Entwicklung auf dem laufenden. Man wird feststellen, daß seine Kommentare humorvoll und einsichtig sind. Alle nicht alltäglichen Unternehmungen finden bei ihm großen Anklang, etwa der Besuch eines vergessenen Friedhofs, wo man die Inschriften auf den Grabsteinen entziffert, oder ein früher Morgenspaziergang zum Markt, wenn die Lastwagen die Waren bringen. Konventionelle, abgeklapperte Ausflüge mag der Wassermann nicht.

Er schenkt gern und läßt sich gern etwas schenken. Der Beschenkte sollte die Gabe dankbar in Empfang nehmen. Vielleicht sind die Geschenke ein wenig ausgefallen, aber es wäre verkehrt, seine Verblüffung darüber zu zeigen. Für den Wassermann eignen sich Geschenke wie Schach- und Backgammon-Spiele, etwas Handgeschnitztes und Ungewöhnliches. Wassermannfrauen lieben auffallenden Schmuck und seltenes, ungewöhnliches Parfüm.

Eine Liebesgeschichte wird nicht glatt verlaufen. Man kann vom Wassermann nicht erwarten, daß er wie gewöhnliche Leute reagiert. Er hat andere Antennen, und das läßt sich nicht ändern. Es wird vorkommen, daß man sich durch unvermittelte Distanziertheit verletzt fühlt; die Gründe dafür liegen tiefer in der Rätselhaftigkeit seines Charakters verborgen. Es hat keinen Zweck zu versuchen, dahinterzukommen. Das wäre ein Eindringen in die Privatsphäre, und auf die legt der Wassermann größten Wert.

Ein Hinweis: Man wird wahrscheinlich scharf beobachtet werden. Das scheinbare Zurückziehen des Wassermanns rührt manchmal nur davon her, daß er den andern aus der Entfernung klar umrissen sehen möchte. Eigentlich ist das ermutigend, denn es beweist, daß der Wassermann beginnt, im andern mehr als einen Freund zu sehen.

Ende der Affäre

Man möchte sich befreien? Keine Sorge. Wahrscheinlich wird der Wassermann als erster gehen. Seine Intuition hat ihn längst gewarnt, bevor der andere sich darüber klar ist. Während der Partner immer noch dem Spiel des Orchesters lauscht, weiß der Wassermann längst, daß das Konzert zu Ende ist.

Doch wenn es sich um einen zähen Fall handelt, gibt es Mittel und Wege, den Wassermann merken zu lassen, daß sein Zauber nicht mehr wirkt.

Man wird ein Stubenhocker. Man sitzt lieber vor dem Fernsehgerät, als unter Menschen zu gehen.

Man wird knickerig.

Man klagt und jammert und hört auf keinen Rat.

Man bewahrt Geheimnisse. Der Wassermann mag es nicht, wenn man etwas vor ihm verbirgt.

Man spottet über seine Wohltätigkeit und über sein Mitleid mit den Benachteiligten. Man behauptet, jeder Mensch handle nur aus selbstsüchtigen Beweggründen.

Wenn der Wassermann einen Fehler macht, klassifiziert man ihn als unverzeihlich.

Man vertritt bei allen Diskussionen einen altmodischen, konservativen Standpunkt.

Man besteht darauf, seine Kleider für ihn auszuwählen und schneidet ihn von alten Freunden ab.

Bald wird man den Wassermann los sein. Und er läßt nichts zurück, das an glücklichere Zeiten erinnert.

Wer mit wem, wie und warum

Wassermann und Widder

Im Schlafzimmer herrscht eitel Wonne und Fröhlichkeit. Schwierigkeiten können entstehen, wenn einer von beiden den andern zu etwas zwingen will; denn beide ertragen keinen dominierenden Partner. Beide sind in bezug auf Sex phantasievoll, und sie harmonisieren auch auf anderen Gebieten. Der starke Widder wird die Führung übernehmen. Vortreffliche Aussichten sowohl für eine Affäre als auch für eine längerdauernde Beziehung.

Wassermann und Stier

Der leidenschaftliche, hochgradig sexuelle Stier findet die nachlässige Einstellung des Wassermanns zum Sex verwirrend. Er will keinen Freund, sondern einen Lebensgefährten; der Wassermann hingegen möchte aus seinem Sexpartner einen Kumpel machen. Der Wassermann ist auch viel mit Aktivitäten außer Haus beschäftigt, ein Greuel für den häuslichen Stier. Häufige charakterlich bedingte Zusammenstöße zwischen zwei willensstarken Menschen, die keine Kompromisse eingehen können. Auf die Dauer gesehen schlechte Aussichten.

Wassermann und Zwillinge

Der Wassermann dürfte die Zwillinge beherrschen, die sich seinen sexuellen Vorlieben anpassen. Im Schlafzimmer wird es recht fröhlich zugehen, aber ohne Zwänge oder Leidenschaft. Die erregbaren, veränderlichen Zwillinge finden beim Wassermann einen stabilisierenden Einfluß. Wenn die Zwillinge an den außerhäuslichen Aktivitäten des Wassermanns Interesse nehmen, geht für die beiden alles gut. Ein interessantes Verhältnis, eine faszinierende Ehe.

Wassermann und Krebs

Der gefühlsbetonte Krebs verärgert den Wassermann dadurch, daß er dem Sex zuviel Gewicht beimißt. Der Wassermann bevorzugt kühlere Leidenschaft und eine lässigere Einstellung. Mit der Zeit wird er sich eingeengt fühlen und den stetigen, anlehnungsbedürftigen Krebs nicht mehr mögen. Der gekränkte Krebs fühlt sich zurückgewiesen und unerwünscht. Ein Verhältnis bringt viele Schwierigkeiten, eine Ehe sehr ernste Probleme.

Wassermann und Löwe

Das kann ein unseliges Durcheinander werden, obwohl es eine Zeitlang ein aufregendes Abenteuer zu versprechen scheint. Das Hauptproblem: der Löwe ist körperbetont, der Wassermann vor allem geistig interessiert. Der Wassermann wird dem Löwen die dringend benötigte sexuelle Bewunderung versagen. Beide sind unabhängige Naturen; der Wassermann wird dem Löwen seine Herrschergelüste verübeln. Selbst wenn in sexueller Hinsicht Übereinstimmung besteht, sind die übrigen Probleme für eine langdauernde Beziehung zu explosiv.

Wassermann und Jungfrau

Zwischen diesen beiden besteht nicht viel sexuelle Anziehung. Beide sind intellektuell orientiert und bevorzugen geistige Betätigung. Hier ist nicht viel Initiative zu finden, da
beide erotische Stimulation brauchen. Die nüchterne, praktische Jungfrau neigt auch dazu, den überschwänglichen,
großzügigen Wassermann zu kritisieren. Ein ruhiges Verhältnis, das auf die Dauer zur Langeweile verurteilt ist. Eine
Ehe kann höchstens halten, wenn gemeinsame Interessen
außerhalb des Schlafzimmers bestehen.

Wassermann und Waage

Beide sind in sexueller Hinsicht warm und empfindsam. Die
Bereitschaft der Waage zu erotischen Spielen ist genau das,
was der Wassermann aus vollem Herzen bejaht. Die beiden
erfüllen sich ihre körperlichen Bedürfnisse gegenseitig zu
vollster Zufriedenheit. Sie teilen auch andere Interessen:
Beide lieben Luxus, genießen Kunst und Musik und geben
gern Geld aus. Beste Aussichten für eine aufregende Affäre
und eine ungewöhnlich glückliche Ehe.

Wassermann und Skorpion

Der Skorpion ist so eifersüchtig und possessiv, daß der Wassermann das einfach nicht aushält. Der Wassermann steht
dem Sex anscheinend so gleichgültig gegenüber, daß sich die
aggressive Leidenschaft des Skorpions in Sadismus verkehrt.
Verständlicherweise wird dadurch die Suche nach Glück
beim Wassermann so verstärkt, daß er es außerhalb des Hau-

ses sucht – fern vom Skorpion. Sowohl ein Verhältnis als auch eine Ehe sind nur von kurzer Dauer.

Wassermann und Schütze

Beide sind unberechenbare, lebhafte und aktive Liebhaber, was gepfefferte Schlafzimmeraktivitäten garantiert. Ihre weitreichenden sexuellen Interessen sind von Phantasie gekennzeichnet, die sich ausleben kann. Auch auf anderen Gebieten herrscht Übereinstimmung: Beide sind gesellig, aufgeschlossen, beschwingt, keine Stubenhocker und respektieren die Privatsphäre des andern. Ausgezeichnete Partner für kurze Zeit oder auf die Dauer.

Wassermann und Steinbock

Zwei Menschen, die ihre Liebe nicht sehr zeigen und Überschwenglichkeit scheuen – sexuell wird das kaum zu Höhenflügen führen. Der Steinbock geht auf eine körperliche Beziehung nur vorsichtig und zurückhaltend ein, und der Wassermann wird sich auf diese Weise kaum überzeugen lassen. Die Folge ist, daß der Steinbock den Wassermann kalt und indifferent findet. Der Wassermann kann den spießigen, praktischen, possessiven Steinbock nicht verstehen. Ein Verhältnis wird zu nichts führen.

Wassermann und Wassermann

Wunderbare Übereinstimmung. Zwei erfindungsreiche Liebhaber, die sich vor, während und nach dem Liebemachen geistig und körperlich gegenseitig anregen. Sie treffen genau ins Schwarze. Aber zu einer tiefen Gefühlsbindung wird es nicht kommen. Beide sind zu sehr Verstandesmenschen, zu empfindlich, zu gemessen. Sie haben außerhalb ihrer Beziehung noch viele andere Interessen. Dennoch eine erfreuliche Affäre und eine gesunde Ehe.

Wassermann und Fische

Aus der intimen Beziehung wird bald ein gefühlsmäßiges Seilziehen, aus dem verletzte Gefühle und theatralische Mißverständnisse resultieren. Die empfindsamen Fische geraten in Abhängigkeit vom Wassermann und verlangen fortwährend Liebesbeweise. Der Wassermann fühlt sich durch ihre Umschlingung und Umgarnung behindert. Es kommt zu häufigen Spannungen. Ein Verhältnis mag vielversprechend beginnen, hält aber nicht durch.

Fische

19. Februar – 20. März

Die Fischefrau

Regiert von Neptun, dem Planeten der Schönheit und des Geheimnisvollen, ist sie sehr weiblich, sinnlich, intuitiv und zugänglich. Ihre Verständnisinnigkeit läßt sie die Kümmernisse andrer Menschen mitfühlen. Sie steht nie unbeteiligt daneben; sie scheint die Gefühle der andern mitzuerleben und spricht mehr auf die innere Wahrheit als auf die äußere Erscheinung an. Man soll nie versuchen, sie zu täuschen. Sie hat magische Kräfte und weiß um die Wahrheit.

Wegen ihrer ungewöhnlichen Sensibilität fühlt sie sich zum Okkulten hingezogen; aus der Reihe der Fischefrauen stammen die meisten Handleserinnen, Hellseherinnen, Spiritistinnen und Medien. Erfahrung hat sie gelehrt, daß sie sich auf ihre «Ahnungen» verlassen können.

Der Schleier des Geheimnisvollen, der sie umgibt, kann täuschen. Ihr seltsames, bezauberndes Wesen zieht Männer unweigerlich an, aber sie ist im Grunde unselbständig und klammert sich an die Hauptperson in ihrem Leben.

Sie braucht die fortwährende Bestätigung, geliebt zu werden. Das vergilt sie ihrem Lebensgefährten mit den verschwenderischen Wohltaten einer wahrhaft sinnlichen Natur.

Die positiven Eigenschaften dieses Tierkreiszeichens sind nicht die eines aktiven Menschen, sondern wurzeln in Träumen und Sehnsüchten. Die Fischefrau scheut vor der lärmigen Welt der Konflikte und des Kräftemessens zurück. Im Machtkampf geht sie subtil vor. Sie hat ein geradezu unheimliches Talent, mit Menschen umzugehen, besonders mit einflußreichen, wichtigen Leuten. Da sie unschuldig und hilflos erscheint, erweckt sie Beschützertriebe. Um sich den Beistand eines Mannes zu sichern, dessen Hilfe sie braucht, zögert sie nicht, ihn zu umgarnen. Sie versteht die Kunst –

und wendet sie an –, ihren Körper zu benutzen, um das zu bekommen, was sie will.

Sie verliebt sich allzu leicht, sucht sich dafür aber leider fast nie den Richtigen aus. Auch wenn sie glücklich verheiratet ist, führt ihr starker Sextrieb zu außerehelichen Liebeleien. Gewöhnlich ist ihre etwas unberechenbare Zuneigung echt, und im Ausdruck ihrer Liebe kann sie zart und entzükkend sein.

In der Regel heiratet sie einen weichen, wenig triebhaften Mann. Bei ihm fühlt sie sich am besten aufgehoben. Aber mit ihrer lebhaften Phantasie sehnt sie sich nach einem Liebhaber von anderem Schlag, nach einer Mischung von Lord Byron und einem Piraten, einem Mann mit romantischem Nimbus, brutalem, direktem Wesen und phallischem Schwert. Sie möchte, daß dieser Traumgeliebte sie ihrem knabenhaften Ehemann entreißt.

Die Fischefrau hat etwas von einer Nixe, die alle ihre weiblichen Reize spielen läßt, um das Interesse eines neuen Mannes zu wecken. Damit beweist sie sich, daß sie sexuell anziehend ist. Aber oft bekommt sie Angst vor den Männern, die sie angelockt hat, und dann versucht sie, den Avancen auszuweichen und sich zurückzuziehen. Eine Ausnahme bildet der knabenhafte Typ, den sie nicht zu fürchten braucht, und der einflußreiche Mann, den sie für irgendeinen Zweck benötigt.

Sie ist eine Schauspielerin, die jede Rolle übernehmen kann. Mitunter spielt sie sie so gut, daß es schwer ist, die echte Persönlichkeit von der angenommenen zu unterscheiden und den wahren Menschen unter der Maske zu erkennen. Mit dieser Begabung und ihrem aktiven Phantasieleben kann sie beim Theater Karriere machen.

Sie ist unglücklich, wenn sie ihre sexuelle Phantasie nicht mit der Wirklichkeit in Einklang zu bringen vermag. Das führt sie dazu, an Sexkulthandlungen teilzunehmen. Unter Aktmodellen, Striptease-Tänzerinnen, Malerinnen erotischer Bilder und Verfasserinnen von Sexromanen sind viele Fischefrauen zu finden. Manche Fischefrauen werden Prostituierte. Ihrer Meinung nach dienen sie der Menschheit, wenn sie frustrierten Männern sexuelle Erleichterung bieten.

Die Fischegeborene kann aber auch eine gute, liebevolle Ehefrau sein, denn sie verfügt über die wunderbare Gabe, die Menschen um sich herum glücklich zu machen. Sie bereitet ihnen ein schönes Heim, und sie liebt ihre Kinder, neigt aber dazu, sie allzusehr zu verwöhnen. Sie versteht auch sehr gut, mit Kranken umzugehen; viele Fischefrauen sind ausgezeichnete Ärztinnen und Pflegerinnen.

Leider treibt irgend etwas sie dazu, sich immer und immer wieder den falschen Mann auszusuchen. Manchmal scheint es fast, als wäre sie dazu bestimmt, in Herzensangelegenheiten immer wieder enttäuscht zu werden. Das kann für sie gefährlich sein, denn wegen ihrer seelischen Labilität ist sie langdauernden Spannungen und Pechsträhnen nicht gewachsen. Sie gerät leicht an den Rand eines Nervenzusammenbruchs.

Sie ist unpraktisch und hat wenig Verständnis für Geldfragen. Sie macht Geschenke, um sich die ersehnte Anerkennung zu kaufen. Pechvögel ziehen sie an, weil sie ihr Mitleid und ihre Hilfsbereitschaft spüren. Sie hilft jedem, der sie darum bittet, aber ihre Bemühungen müssen anerkannt werden. Bei ihr Nahestehenden legt sie hohe, oft unrealistische Maßstäbe an, und sie glaubt an ihre Freunde, bis absolut zwingende Umstände dieses restlose Vertrauen erschüttern.

Dann muß man sich vor ihr hüten, denn sie kann rachsüchtig werden.

Das Sexleben der Fischefrau

Sie hat eine natürliche dramatische Begabung. Man kann sich darauf verlassen, daß sie sich richtig verhält, die richtigen Dinge sagt und die richtige Atmosphäre schafft. Sie ist sexuell früh entwickelt, und ihre Bereitschaft, gefällig zu sein, läßt sie nur selten nein sagen.

Sie ist ungehemmt und hat ihre Freude an vielen Variationen des erotischen Nebenspiels. Es erfordert nicht viel, eine Fischefrau zu wecken. Ein Pornofilm oder ein Sexbuch bringt sie schon außer Atem. Da sie so beeinflußbar ist, wird sie das Gesehene und Gelesene wahrscheinlich selbst erproben.

Ihre angeborene Neigung zum Theatralischen bewirkt, daß sie überzeugend schreit und stöhnt und so den Appetit ihres Liebhabers verschärft. Wenn ihre Phantasien mit denen des Partners übereinstimmen, kann die Handlung wirklich stürmisch werden. Sie schafft eine Szenerie, als ob es sich um ein Schauspiel handelte – richtige Beleuchtung, schwüles Parfüm, schwarze Seidenwäsche, verschiedene Apparate, alles was dem Geschmack ihres Liebhabers entspricht. Wenn sie erst einmal seine Marotten kennt, benutzt sie ihre Einbildungskraft, die Situation zu verzaubern und großartig auszubauen.

Ihrem Temperament entspricht ein Wasserbett, vor allem, wenn sie bei der Liebe oben liegt und so die Bewegung steuern kann. Sie kann sich dann körperlich und seelisch so anpassen, daß ihre Muskeln Höchstleistungen vollbringen.

Während der Menstruation ist ihre Libido ungewöhnlich stark. Dabei kann Übersinnliches oder Autosuggestion mitspielen. Solchen Einflüssen ist sie sehr stark ausgesetzt. Sie steigert sich dann in eine sexuelle Leidenschaft hinein, die sie kaum mehr unter Kontrolle hat.

Die Fischefrau vollbringt wahre Wunder mit der Zunge. Den Körper des Geliebten von oben bis unten abzulecken steigert ihre eigene Erregung bis zum Orgasmus.

Sie gerät leicht in eine Herr-Sklavin-Beziehung. Mehr als andere Frauen schätzt sie es, von hinten genommen zu werden. Alles, was dieser Spielart Vorschub leistet – Knebelung, Fesselung –, sagt ihr zu. Sie sagt zu allem Ja, was ihr Liebhaber vorschlägt. Ihre Dienstbeflissenheit ermuntert latente Sadisten, sich auf ihre Kosten auszutoben. Sie lehnt sich nur auf, wenn die Sache in unerträgliche Schmerzen ausartet.

Sie neigt zum Kleider- und Schmuck-Fetischismus. Es macht ihr Spaß, bei der Liebe lange Ohrringe zu tragen, die ihren Hals liebkosen, wenn sie den Kopf hin und her wirft, oder übergroße Armreifen, die über ihre Arme gleiten. Manche Kleidungsstücke regen sie ebensosehr an wie ihren Liebhaber, etwa Nylonstrümpfe, Handschuhe oder ausgeschnittene Büstenhalter, die die Brustwarzen frei lassen. Auch Lederbekleidung schätzt sie sehr.

Sie macht bei allem mit, was andere als «anomal» bezeichnen. Sie übernimmt auch die führende Rolle, wenn es dem Mann gefällt. Das geht so weit, daß sie ihm auch dann gefällig ist, wenn sie selbst keinen Genuß davon hat.

Der Fischemann

Er ist leidenschaftlich, gefühlvoll und labil. Bei ihm muß man auf Unerwartetes gefaßt sein. Er wird von widersprüchlichen Impulsen hin und her gezerrt – das Symbol des Tierkreiszeichens sind zwei Fische, die in entgegengesetzter Richtung schwimmen. Er ist ein widersprüchlicher Mensch, der sich für das eine entscheidet und das andere tut.

Da er ein ungewöhnliches Sensorium für seine Mitmenschen hat, übt er starke Anziehungskraft aus. Sein Wesen ist warm und empfänglich, und er sieht die Menschen nicht so, wie sie sind, sondern wie er sie sehen möchte. Am stärksten ziehen ihn sinnliche Frauen an, besonders wenn sie etwas Dominierendes haben. Er idealisiert den Menschen, den er liebt, und er drückt beim schlimmsten Benehmen die Augen zu, weil er in der Geliebten eine Frau sieht, die nichts verkehrt machen kann.

Da er fortwährend von Veränderung und Aufregung angelockt wird, ersehnt er nichts so sehr wie Gemütsstabilität. Er ist ein Träumer, der sich unmöglichen Träumen hingibt. Liebe muß nicht nur romantisch sein – Mondschein, Rosen und Lyrik –, sondern sollte auch Heim, Zufriedenheit und Geborgenheit bedeuten. Sex ist eine intime und private Sache, aber auch weltumfassend, der Gral am Ende der langen Glückssuche des Kreuzfahrers.

Allzuviel Treue kann man von ihm nicht erwarten. Das ist nicht seine Art. Dazu ist er zu empfänglich und zu leicht beeinflußbar. Eine Zeitlang wird er sich einreden, daß der andere weiß, was für ihn richtig ist, und seinen Kurs danach ausrichten. Dann aber schlägt sein Gefühlskompaß stürmisch in Richtung eines anderen magnetischen Pols aus.

Wie kann man mit einem Mann leben, der so sehr dem Augenblick lebt? Man muß besonders sensibel für das schnellwechselnde, flüchtige Spiel seiner Gefühle sein und vor allem bereit, ihm den festigenden Einfluß bedingungsloser Liebe spüren zu lassen. Für ihn ist Liebe das weite, endlose Firmament; man muß sie zum Dach über seinem Kopf machen. Wenn man ihm Stabilität bietet, kann man damit rechnen, ihn zurückzubekommen. Er braucht sie in seinem Leben.

Er ist jedoch kein Heiratskandidat. Wenn eine Frau es fertigbringt, ihn zum Altar zu schleppen, wird sein schweifendes Auge früher oder später auf eine andere fallen. Für ihn ist Liebesromantik eine Drehtür, die auf der einen Seite zum Standesamt und auf der andern zum Scheidungsrichter führt. Ehegelübde respektiert er nicht, weder bei sich noch bei Frauen, die er anziehend findet.

Er ist sinnlich, intelligent, ungewöhnlich schöpferisch. Ein wunderbarer Weggenosse, für den alles erstklassig sein muß. Er verschwendet das Geld, denkt nicht an morgen und berechnet nie die Kosten. Er überschüttet seine Geliebte mit teuren Geschenken.

Da er so leicht zu beeinflussen ist, übernimmt er ohne weiteres anderer Leute Einstellungen und Gewohnheiten. Wenn es nette Menschen sind, ist er auch nett. Wenn sie trinken, wird auch er zum Trinker.

Wenn seine Sonne in den Fischen gute Aspekte hat, zeigt er alle Vorteile seines empfindsamen Tierkreiszeichens. Er kann idealistisch, aufopfernd, bezaubernd sein. Seine schöpferische Begabung kommt ihm als Künstler oder Schriftsteller zugute, aber er ist kein sehr tüchtiger Geschäftsmann. Teils liegt es daran, daß er am liebsten allein arbeitet, teils daran, daß er angestrengte Arbeit nicht mag. Will man ihn dazu bringen, etwas zu leisten, muß man es ihm bewußt schwermachen. Denn er schlägt instinktiv immer den leichtesten Weg ein. Es fehlen ihm das praktische Denken, das Organisationstalent und die Dynamik des Erfolgsmenschen. Am besten ist für ihn ein Posten, auf dem er schöpferisch tätig sein kann, etwa als Werbefachmann, oder wo Ideen wichtiger sind als die Ausführung. Er verliert sich lieber in Reflexionen, als aktiv zu sein. Er ist ein saumseliger Zauderer, der sich einfach nicht aufraffen kann.

Er ist zwar wortgewandt, kann aber das Kind nicht beim Namen nennen. Er benutzt seine Wortgewandtheit zur Vermeidung einer klaren, eindeutigen Aussage. Er wird selten ausfällig, aber seine Umgebung weiß selten woran sie mit ihm ist. Er läßt sich so schwer fassen wie ein glitschiger Fisch. Irgendwann wird man schließlich die Ursache dafür erkennen: Er hat keine eigenen Überzeugungen, keine feste Gesinnung. Er hört scheinbar mit echtem Interesse und großer Aufmerksamkeit zu, doch in Wirklichkeit weilt er mit seinen Gedanken ganz woanders, oder er träumt einfach vor sich hin. Zu merken ist das nicht, weil er es glänzend versteht, sich zu verstellen. Er kann so tun, als hörte er viel besser zu als andere, die wirklich zuhören.

Sind die Konstellationen seines Zeichens schlecht, sinkt er leicht auf die tiefsten Stufen von Drogen- oder Alkoholsucht ab und läßt sich zu jeglichem Laster verführen.

Im Grunde fehlt es ihm an Selbstvertrauen, und er braucht von anderen Unterstützung wie Wasser aus einer Quelle.

Das Sexleben des Fischemannes

Er übernimmt die Führung und wird ärgerlich, wenn er keine schnelle Reaktion spürt. Er verübelt es, wenn seine Wünsche in Frage gestellt werden und ist beleidigt, wenn Verzögerungen eintreten. Will er eine Frau haben, so will er sie haben – sofort!

Er neigt zu heimlichen Zusammenkünften und verschwiegenen Affären, oft mit verheirateten Frauen. Da er weder moralische noch gesetzliche Schranken respektiert, bevorzugt er erfahrene Partnerinnen, die Sex um jeden Preis wollen.

Es gefällt ihm, wenn er von einer Frau langsam und bewundernd entkleidet wird, Sex im Sitzen, die Partnerin mit ihm zugewandtem Gesicht, gefällt ihm. Besonders als Vorspiel, das der Fischemann besonders gut beherrscht. So haben beide die Hände frei und können alle erogenen Zonen erreichen. Zehen reizen ihn besonders, dazu fällt ihm allerhand Ausgefallenes ein.

Der Fischemann wird von dem Verlangen getrieben, seine erotischen Phantasien und Träume zu verwirklichen. Meistens kreisen sie um eine dominierende Frau, die maßlose, unvernünftige und sogar abstoßende Forderungen stellt, die er vergeblich zu befriedigen versucht.

Sadistinnen und Masochistinnen finden in ihm einen willigen Partner, der bereit ist, jede gewünschte Rolle zu übernehmen. Es ist für ihn ein Genuß, gefällig zu sein. Wenn die Geliebte von ihm verlangt, sich als Frau zu kleiden, zieht er ihre Sachen an, Büstenhalter und Höschen, Strümpfe, Schuhe und Handschuhe. Wenn sie ihn demütigen oder bestrafen will, begegnet sie keinem Widerstand. Er kniet vor ihr nieder, küßt ihr die Füße, tut alles, was sie fordert. Fischemänner findet man oft als dritten, wenig aktiven Partner bei einem Dreieck oder als Zuschauer, wenn andere, oft sogar die eigene Frau, sich der Liebe hingeben.

Seine erotischen Phantasien führen ihn auch zu ausgefallener Masturbation, etwa mit lebensgroßen Gummipuppen oder Sauggeräten.

Der Fischemann kann ein vollkommen hemmungsloser Sexbesessener sein. Er wird süchtig nach allem, was ihm Lustgefühl und Erleichterung verspricht und seinen Schmerz-Wollust-Mechanismus stimuliert.

Erogene Zonen

Bei den Fischen sind es die Füße. Fischegeborene reagieren auf sachtes Streicheln an Ferse und Rist und auf leichtes

Kitzeln der Sohle. Eine zarte Fußmassage versetzt sie in helles Entzücken. Wenn man ihre Zehen zwischen den Fingerspitzen reibt, in den Mund nimmt oder davon nibbelt, erleben sie höchste Wollust.

Fischefrauen befriedigen ihren Partner mit den Füßen: Sie reiben seinen Penis zwischen ihren Fußballen. Fischemänner geraten schon durch den Anblick von Frauenfüßen in Erregung. Sie benutzen gerne ihren großen Zeh als Streichelinstrument und dringen damit auch in die Partnerin ein.

Fischegeborene sollten vor jeder Sexbegegnung ein Fußbad nehmen. Es macht sie empfänglicher für alle Reize.

So fängt es an

Fischegeborene sind im Mittelpunkt gesellschaftlicher Anlässe zu finden, gewöhnlich umringt von Verehrern. Ihre charmanten Umgangsformen und ihr flexibles, gutmütiges Wesen ziehen die Menschen an. Werden sie jedoch nicht bewundert, sitzen sie wahrscheinlich schmollend in einem Winkel.

Ein gutes Gesprächsthema bieten Theater, Kino, Fernsehen und ähnliche Zerstreuungen. Das fesselt die Fische sofort, denn sie alle – welchen Beruf sie auch ausüben mögen – wären gern Schauspieler, Schriftsteller oder Tänzer. Auch auf ein Gespräch über Übersinnliches werden sie voller Interesse eingehen. Viele Fische glauben an Reinkarnation. Zumindest sprechen sie gern darüber.

Ist der Anfang einmal gemacht, muß man die Gesprächsführung unbedingt den Fischen überlassen. Man kann ruhig zugeben, vom Thema nichts zu verstehen; denn Fische belehren nur zu gern. Sie fühlen sich dann in ihrem Element.

Das erste Treffen? Man schlage ein Lokal vor, wo getanzt

wird. Fische tanzen sehr gern. Oder man kommt ihrem Interesse fürs Okkulte entgegen und schlägt eine spiritistische Sitzung vor. Was man mit ihnen auch unternimmt, man muß jede Gelegenheit wahrnehmen, ihnen ein Kompliment zu machen. Sie brauchen dringend Bestätigung.

Mit Alkohol muß man vorsichtig sein. Der Fisch verträgt ihn oft nicht. Zwar braucht er viel Flüssigkeit – alles, vom eiskalten Wasser bis zu heißem Tee –, aber Alkoholika sind für ihn gefährlich. Fischegeborene stellen den höchsten Prozentsatz an Alkoholikern.

Sie haben auch einen gefährlichen Hang zu falscher Ernährung, und man leistet ihnen einen Dienst, wenn man ihre Eßgewohnheiten überwacht. Sie sind von zarter Gesundheit, und man muß ihnen dabei helfen, sich vernünftig zu ernähren. Wenn man sie in dieser Beziehung zu Nutz und Frommen berät und beeinflußt, stillt man gleichzeitig ihr geheimes Verlangen nach einem starken Beschützer und Ratgeber.

Was Geschenke betrifft, so sind Fischefrauen für die Farben des Meeres besonders empfänglich: hellgrün, aquamarin und rauchblau. Halstücher oder Kleider in diesen Farben gefallen ihnen. Beim Fischemann versuche man es mit einer guten Biographie, einem Buch über das Okkulte, einem Gedichtband oder mit Shakespeare.

Für das Liebesnest ein Hinweis: Jegliche Badegelegenheit entzückt den Fisch, aber es muß dabei warm sein.

Ende der Affäre

Wenn die Zeit gekommen ist, «Schluß zu machen», hat man es nicht ganz einfach. Fische sind überempfindlich und leichtverletzlich. Mit grobem Geschütz darf man ihnen beileibe nicht kommen. Hier einige Hinweise, wie die Sache angepackt wird, ohne allzu massiv zu werden:

Man vernachlässigt den Fischepartner in Gesellschaft, unterbricht seine Gespräche oder begegnet ihm mit leiser Ironie.

Man argumentiert, weiß alles besser und räumt ihm keine Gelegenheit ein, seine Ideen anzubringen.

Man kargt mit Lob und deutet an, daß er einiges besser machen könnte. Warum zum Beispiel läßt er sich nicht die Haare färben?

Man tauscht alle seine Geschenke um und sitzt auf dem Geld.

Man bekrittelt ihn wegen Kleinigkeiten und zeigt keine Geduld mit Fehlern. Man wirft seine altmodischen Wertmaßstäbe über den Haufen.

Man vernachlässigt das eigene Äußere.

Bald wird man einen schmollenden, düsteren Fischepartner um sich haben. Und in dieser Stimmung gibt es für ihn nichts anderes, als sich anderswo nach Trost umzusehen.

Das Efeu wird einen anderen Baum finden, um den es sich ranken kann.

Wer mit wem, wie und warum

Fische und Widder

Der dynamische Widder schöpft die volle Potenz der Fische im Bett aus. Natürlich herrscht der Widder – und genau das suchen die Fische. Aber Takt ist vonnöten, wenn es mit dieser Kombination auch auf andern Gebieten gut gehen soll. Fische sind gegenüber Kritik überempfindlich, und der Widder ist oft ungeschliffen. Wenn diese Partner mit ihren

Schwierigkeiten fertig werden, kann sich eine sexbetonte dauerhafte Beziehung ergeben.

Fische und Stier

Sie sind fast gleich leidenschaftlich, aber die hochempfindlichen Fische brauchen eine Rücksichtnahme, die der prosaische Stier nicht oft zu bieten hat. Die weitaus gefühlvolleren und sentimentalen Fische leiden, wenn man ihnen allzu sachlich begegnet. Läßt sich dieses Problem überwinden, besteht gute Aussicht für ein befriedigendes Zusammenleben. Eine sinnliche Affäre, eine ersprießliche Ehe.

Fische und Zwillinge

Zwei so labile Zeichen ergeben eine ziemlich aussichtslose Verbindung. Es kann körperliche Anziehung bestehen, aber die Zwillinge sind viel zu unbeständig und die Fische zu empfindsam, als daß sie von Dauer sein könnte. Die Gedankenlosigkeit der Zwillinge wird die Fische kränken. Beide sind so egozentrisch, daß sie sich kaum um Anpassung bemühen werden. Sie brauchen beide einen stärkeren, herrschsüchtigeren Partner. Eine kurze, möglicherweise hitzige Affäre, eine nicht sehr glückliche Ehe.

Fische und Krebs

Der Krebs wird sich als anspruchsvoller Liebender erweisen, doch das macht den Fischen nichts aus. Sexuell gehen beide aus sich heraus und dürften eine Menge Zeit im Schlafzimmer verbringen. Der Krebs übernimmt die Führung und trifft die Entscheidungen. Trotz einigen Streitigkeiten werden die emotionellen Bedürfnisse auf beiden Seiten befriedigt, und jeder nimmt auf die Empfindlichkeit des andern Rücksicht. Ein sehr gut zusammenpassendes Gespann.

Fische und Löwe

Feuer und Wasser lassen sich nicht mischen. Der überschwengliche Löwe fühlt sich durch die introvertierten Fische frustriert, sogar im Bett. Keiner versteht den andern so recht. Die gefühlvollen Fische werden dem Löwen auf die Nerven gehen und ihn dazu treiben, woanders Befriedigung zu suchen. Die Fische schmachten zu Hause und geben sich traurigen Träumen hin, während der Löwe umherschweift. Ein Liebesverhältnis wird schwierig sein, eine Ehe bringt nicht viel.

Fische und Jungfrau

Die liebesbedürftigen Fische kommen bei der zurückhaltenden Jungfrau nicht auf ihre Kosten. Die Jungfrau verwahrt sich gegen die sexuellen Exzesse der Fische, wird überkritisch und tadelsüchtig. Andere Probleme kommen hinzu. Die praktische, logisch denkende Jungfrau will von dem extravaganten Geschmack der Fische nichts wissen und läßt sich ihre Launenhaftigkeit nicht gefallen. Sie will planen, wohingegen die Fische impulsiv handeln – um sich dann anders zu besinnen. Ein Verhältnis bringt Streit und Zank, eine Ehe verläuft freudlos.

Fische und Waage

Sie haben Schwierigkeiten miteinander, außer in sexueller Hinsicht. Aber auch wenn sie im Bett gut miteinander auskommen, wird sich wohl kaum eine lohnende Beziehung entwickeln. Die Waage vermag die Führung nicht zu bieten, die der Fischegeborene braucht. Beide lieben Luxus, beide sind harter Arbeit abgeneigt, mit der er zu erreichen wäre. Ein unharmonisches Verhältnis, eine Ehe, die in Verbitterung endet.

Fische und Skorpion

Die beiden sollten eine tiefe und befriedigende körperliche Vereinigung erleben. Sie passen nicht nur in sexueller Hinsicht vortrefflich zusammen, sondern der Skorpion bietet auch die feste Unterstützung, die die Fische auf andern Gebieten brauchen. Die Fische werden die Eifersucht des Skorpions nicht herausfordern und seine Besitzsucht als Form von Liebe auffassen, was sie ja auch ist. Je früher diese beiden sich ewige Liebe schwören, desto glücklicher werden sie.

Fische und Schütze

Der erotische Funke mag anfangs zünden, aber der Schütze ist unabhängig und abenteurlustig, was die Fische dazu bringt, sich um so hartnäckiger anzuklammern und immer mehr in innere Abhängigkeit zu geraten. Das ausgedehnte Liebesspiel der Fische langweilt den ruhelosen Schützen, der anderen Interessen nachgehen möchte. Der Schütze ist ver-

sucht, sich über die sentimentalen Sehnsüchte der Fische
lustig zu machen, und stößt sie vor den Kopf. Ein Verhältnis
wird ebenso schnell zu Ende sein, wie es angefangen hat;
eine Ehe wäre katastrophal.

Fische und Steinbock

Wundervolle sexuelle Übereinstimmung. Es mag kleinere
Probleme und Mißverständnisse geben, aber beide sind imstande, eine Lösung zu erarbeiten. Der starke, dominierende
Steinbock versteht es, den Fischen das Gefühl des Begehrt-
seins und der Geborgenheit zu vermitteln. Die Fische ihrerseits bringen einen Hauch des Romantischen in das Seelenle-
ben des schwerfälligen Steinbocks. Ihre Verschiedenheiten
ergänzen einander, so daß sowohl ein sehr gutes Liebesverhältnis als auch eine glückliche Ehe gesichert sind.

Fische und Wassermann

In sexueller Hinsicht können sie sich eine Zeitlang gegenseitig anregend finden, denn beide sind phantasievolle Liebhaber. Aber die egozentrischen, subjektiven Fische haben wenig gemeinsam mit dem extrovertierten, geselligen Wassermann. Der unabhängige und entschlossene Wassermann
wird keine Zeit damit verschwenden, die Fische dauernd zu
bestätigen und ihnen eine Stütze zu sein. Der Wassermann
will Probleme mit Logik lösen, die Fische mit Gefühl. Und
der Probleme werden auf die Dauer so viele sein, daß die
Beziehung daran scheitert.

Fische und Fische

Gegenseitige Einfühlung bewirkt ein wunderbares Verständnis für die sexuellen Bedürfnisse des andern. Wenn sich ihre Probleme durch körperliche Harmonie lösen ließen, könnte es kaum ein besser füreinander geeignetes Paar geben. Aber da beide emotionelle Blutsauger sind, sind die seelischen Kräfte und Reserven bald am Ende. Ohne einen starken, dominierenden Partner verrennen sie sich in die falsche Richtung. Ein sehr sinnliches Liebesverhältnis; eine Ehe wird jedoch in zunehmender sexueller Ausschweifung und möglicherweise sogar Lasterhaftigkeit enden.

**Über alle bei Heyne erschienenen Sachbücher
informiert ausführlich das Heyne-Gesamtverzeichnis.
Sie erhalten es von Ihrer Buchhandlung
oder direkt vom Verlag.
Wilhelm Heyne Verlag, Postfach 20 12 04,
8000 München 2**